Orientalischer Aufbruch.

HELGA BALLAUF

Orientalischer Aufbruch.

Wie das Weltwissen in den Westen kam

Bibliografische Information der Deutschen Nationalbibliothek:
Die Deutsche Nationalbibliothek verzeichnet diese Publikation in der
Deutschen Nationalbibliografie;
detaillierte bibliografische Daten sind im Internet über
http://dnb.d-nb.de abrufbar.

© 2016 Helga Ballauf
Satz, Umschlaggestaltung, Herstellung und Verlag: BoD- Books on
Demand
ISBN: 978-3-7412-4932-7

Inhalt

1 Schillernde Sprache: 7
Vom Orient, der arabischen Wissenschaft und dem Mittelalter.

2 Übersetzungskünste: 12
Hätte Aristoteles sein Werk wieder erkannt?

3 Wie die Forschung arbeitet I: 20
Wozu eine Wissenschaftssprache taugt

4 Von Bagdad bis Toledo I: 25
Das Reich des arabischen Wissens wächst

5 Bagdad & Co.: 30
Porträts von gelehrten Gestaltern

6 Wie die Forschung arbeitet II: 45
Die Anfänge der Arithmetik

7 Von Bagdad bis Toledo II: 50
Letzte Ausfahrt al-Àndalus

8 Toledo & Co.: 56
Porträts von gelehrten Gestaltern

9 Wie die Forschung arbeitet III: 66
   Frühe Spuren von Frauen in Kultur und
   Wissenschaft

10 Wissen im Praxistest I: 71
   Papier, der Stoff, auf dem die Träume sind

11 Wissen im Praxistest II: 77
   Qanate, eine geniale Methode der Bewässerung

12 Wissen im Praxistest III: 81
   Zucker, das süße Gold

13 Wie die Forschung arbeitet IV: 88
   Von Sokrates bis Gouguenheim

14 Dekadenz, Fundamentalismus oder
   historisches Pech? 94
   Warum die arabische Wissenschaft versiegte

Anhang 106
   Schreibweisen 109
   Mehr zum Thema 111
   Über die Autorin 114

1 Schillernde Sprache:

Vom Orient, der arabischen Wissenschaft und dem Mittelalter.

Kaum zu glauben, aber wahr: In Berlin, im Museum für Islamische Kunst, ist eine originale Kuppel aus der Alhambra in Granada von 1320 installiert. Ein paar Räume weiter liegt das sog. Aleppo-Zimmer von 1603 mit aufwändig bemalter Holzvertäfelung. Es stammt aus einem christlich-orientalischen Wohnhaus in Syrien. Außerdem besitzt das Museum die reich mit Reliefs verzierte Steinfassade eines arabischen Kalifenschlosses aus Mschatta im heutigen Jordanien, erbaut im 8. Jahrhundert. Was verbindet diese Ausstellungsstücke? Was haben sie in Berlin verloren?

Alhambra-Kuppel und Aleppo-Zimmer wurden Anfang des 20. Jahrhunderts von deutschen Sammlern vor Ort gekauft. Die Kalifen-Fassade ließ sich Kaiser Wilhelm II. 1903 vom osmanischen Sultan Abdülhamid II. schenken. Drei Objekte, die mit der Orient-Begeisterung zu tun haben, die zu jener Zeit hierzulande herrschte. Es überwog die romantische Vorstellung vom ganz Anderen, von einer exotischen Welt. Dieser Orient weckte Sehnsüchte – nicht nur unter den Deutschen. Kein Wunder, dass der Luxuszug, der seit 1883 von London über Paris nach Konstantinopel fuhr, »Orient-Express« hieß – auch wenn er lediglich den Balkan durchquerte.

Tatsächlich legen die drei »orientalischen« Ausstellungsstücke in Berlin Zeugnis ab für eine lange Epoche, in der Kultur und Wissenschaft blühen, aber eben nicht im Okzident. Die Zeitspanne reicht, grob gerechnet, vom 7. bis zum 15. Jahrhundert. Schauplatz ist ein Gebiet, das heute Usbekistan, Afghanistan, Teile Pakistans, den Iran und die arabische Halbinsel umfasst. Und das sich an der nordafrikanischen Küste entlang bis weit in den Westen, nach Marokko und auf die Iberische Halbinsel fortsetzt. Spätestens bei dieser Aufzählung wird klar: Das »Orientalische« der Alhambra in Granada, das neben deutschen Sammlern auch romantische Maler und Dichter Ende des 19. Jahrhunderts stark anzog, lässt sich nicht geografisch erklären. Es sind vielmehr kulturelle Moden und historische Muster, die hier den Orient vom Okzident trennen.

Gibt es eine Klammer, die ein zeitlich und räumlich so ausladendes Panorama zusammenhält? Der Begriff »arabische Wissenschaft« bietet sich an. Es geht darum, wie das aus der Antike vorhandene Weltwissen aufgenommen, weiter entwickelt, verändert und weiter getragen wurde. Wichtige Impulse gingen von der islamischen Expansion aus sowie von der arabischen Sprache, die zunächst zum allumfassenden religiösen Verständigungsmittel wurde und danach zur führenden Wissenschaftssprache. Gelehrte, die zur »arabischen Wissenschaft« beitrugen, forschten und publizierten auf Arabisch, das aber häufig nicht ihre Muttersprache war. Die Wissenschaftler arbeiteten zwar meist im Auftrag islamischer Herrscher und Mäzene. Doch sie mussten nicht notwendigerweise zur muslimischen Glaubensgruppe gehören. Viele bedeutende Beiträge zur arabischen Wissenschaft kamen im Laufe der Jahrhunderte von nestorianischen und römischen Christen, von Juden und Anhängern Zarathustras (Zoroastrier).

Die Astronomen, Mathematiker, Mediziner, Philosophen und Kartographen der »arabischen Wissenschaft« verfügten nicht über den ausgefeilten naturwissenschaftlichen Methodenschatz ihrer Kolleg/innen des 21. Jahrhunderts. Ihr Denken, Schreiben und Lehren war oft noch von metaphysischen Vorstellungen durchdrungen. Aber sie waren wissbegierig. Sie überprüften Theorien, setzten auf Beobachtung und empirische Befunde, machten Experimente und werteten sie aus. So trennte sich langsam die Alchemie von der Chemie und die Astrologie von der Astronomie.

Ein schönes Beispiel fürs exakte Forschen wird vom Bagdader Hof des Kalifen al-Mam'un im 9. Jahrhundert berichtet: Für seine Astronomen stand fest, dass die Erde eine Kugel ist. In den antiken Schriften des Ptolemäus' fanden sie den Umfang mit 180.000 *stadia* angegeben. Doch es ließ sich nicht eindeutig heraus finden, wie groß eine *stadia* war. Also schickte der Kalif seine Leute los zum Vermessen, um auf dieser Basis den Erdumfang (neu) berechnen zu können. Das blieb nicht der letzte Stand: Sobald man über exaktere Instrumente verfügte, wurden Messungen wiederholt.

All das ereignet sich im »Mittelalter« – eine Epochenbezeichnung, die es in sich hat. Europäische Gelehrte im 18. Jahrhundert verwenden sie, um die historische Phase zwischen »Altertum« und »Neuzeit« zu charakterisieren. Das Mittelalter erstreckte sich demnach auf deutschem Boden immerhin von ca. 500 bis ca. 1500 christlicher Zeitrechnung. Es war, so die nachträgliche Deutung, nur eine Periode des Übergangs. Die glorreiche Antike war lange vorbei und die fortschrittliche Neuzeit musste erst noch anbrechen. Eine eher konturlose Zwischenzeit mit positiven und negativen Zügen: Hier die Vorstellung vom »finsteren Mittelalter«, einer Zeit feudaler Ordnung, menschenverachtender Grausamkeit, verordneter Geistlosigkeit und pseudoreligiöser Tyrannei. Dort das romantisch verklärte Bild einer historischen Periode, in der die Menschen in harmonischen und überschaubaren Zusammenhängen lebten, eine Zeit ritterlicher Helden und poetischer Einfachheit. Erklärungsmuster, die beides bedienen: Abscheu und Faszination.

In der arabischen Welt schätzt man diese Wahrnehmung nicht – aus gutem Grund. Wie soll auch die Konstruktion »Mittelalter«, die mehr schlecht als recht auf die wechselvolle Geschichte der Völker in (West)europa passt, auf den Orient zutreffen? Hier handelt es sich bei der Phase zwischen dem 7. und dem 15. Jahrhundert ja gerade nicht um eine Zwischenepoche, die Historiker am liebsten vernachlässigen würden. Vielmehr ist es eine Hochzeit arabischer Kultur und Wissenschaft, eine Zeit, in der die arabische Welt einen originären Beitrag zur Entwicklung der gesamten Menschheit liefert.

Das »goldene Zeitalter« des Ostens gewissermaßen. Aber das ist eine weitere romantische Verklärung – eine Haltung, die keineswegs nur ein Privileg des Westens ist. Unter muslimischen Gläubigen, aber auch bei vielen Intellektuellen des arabisch-islamischen Raums gelten Granada und das maurische Spanien bis heute als »verlorenes Paradies«. Und man versucht, Ursachen und Folgen dieses Verlusts zu begreifen.

Vom Aufstieg und Fall einer Kultur, deren Impulse dem Westen zur führenden Rolle in der folgenden Epoche, der Neuzeit, verhalfen, werden die folgenden Kapitel berichten.

2 Übersetzungskünste:

Hätte Aristoteles sein Werk wieder erkannt?

Die Geschichte klingt abenteuerlich. Im Stenogramm: Schriften griechischer Denker – über Astronomie, Medizin oder Philosophie – werden im 8. und 9. Jahrhundert in Bagdad ins Arabische übersetzt. Nicht direkt zumeist, sondern aus syrisch-aramäischen Vorlagen. Mit der Ausbreitung des Islams gelangen diese arabischen Texte nach Westen, die nordafrikanische Küste entlang bis auf die Iberische Halbinsel. Der inzwischen vielfach kommentierte und erweiterte Wissensfundus wird schließlich in Toledo im 12. und 13. Jahrhundert zunächst ins Lateinische und später ins Spanische übersetzt. So gelangen die alten Griechen an die Universitäten von Oxford, Bologna und Paris. Eine lange Kette von Übertragungen, Weitergaben, Aneignungen.

Wem kommt da nicht das Spiel »Stille Post« in den Sinn, bei dem eine Botschaft allein durchs geflüsterte Weitersagen von Ohr zu Ohr oft nahezu auf den Kopf gestellt wird? Nicht nur interessierte Laien fragen sich, was nach einem so langen Weg der Anverwandlung von dem Inhalt dessen bleibt, was beispielsweise ein Aristoteles erdachte, lehrte, schrieb. Auch die Wissenschaft beschäftigt sich mit dem Phänomen – sowie die Literatur.

»Die Geschichte kennt kaum Schöneres und Bewegenderes als diese Hingabe eines arabischen Arztes an die Gedanken eines Menschen, von dem ihn vierzehn Jahrhunderte trennten.« So beschreibt der argentinische Schriftsteller Jorge Luis Borges in einer Erzählung das Verhältnis zwischen Aristoteles und seinem bedeutendsten islamischen Kommentator, Ibn Rushd (vgl. Kap. 8). Dieser wirkte im 12. Jahrhundert zwischen Córdoba, Sevilla und Marrakesch. Bei uns ist er besser unter seinem latinisierten Namen Averroes bekannt. Borge schreibt: »Dieser Grieche, Urquell aller Philosophie, war den Menschen gesandt worden, um sie alles, was sich wissen lässt, zu lehren: Seine Schriften auszulegen, ... war Averroes' schwieriges Vorhaben.« Schwierig und anspruchsvoll auch deshalb, weil Ibn Rushd weder Griechisch noch Syrisch beherrschte, vielmehr »mit der Übersetzung einer Übersetzung arbeitete.«

Damit nicht genug: Der in einer arabisch-islamisch geprägten Welt lebende Aristoteles-Kommentator stolpert über Begriffe, die ihm nichts sagen – Tragödie und Komödie zum Beispiel. Er kennt zwar kunstvolle Formen des Rezitierens in arabischer Sprache. Jede Art theatralischen und dramaturgischen Gestaltens ist seiner Kultur jedoch fremd. Dafür fehlt ihm die Vorstellungskraft. So nennt Borges seine Erzählung »Averroes auf der Suche«. Und beschreibt, wie Ibn Rushd fündig wird, auf seine Art und im Rahmen seiner Welt: Er übersetzt Tragödie mit Lobrede und Komödie mit Satire oder Spottgedicht. Da wird nun Umberto Eco munter und spottet seinerseits: »Das krasseste Beispiel eines kulturellen Missverständnisses.« Der italienische Schriftsteller fährt fort: »Man stelle sich vor, was wohl der lateinische Übersetzer unter solchen Umständen von Aristoteles und seinen subtilen Analysen verstanden hatte.«

Hatte Eco, der als Semiotiker gut Bescheid wusste über Zeichensysteme und -prozesse aller Art, recht mit seiner Skepsis? Wer es genauer wissen will, kann die wissenschaftliche Literatur durchforsten, kann die Forscher/innen aus Arabistik, Semitistik, Graeco-Arabistik oder Romanistik, aus Wissenschaftsgeschichte, Linguistik, Translationswissenschaft oder Mittelalterforschung befragen. Sie haben – jeweils aus dem Blickwinkel ihres Fachs – diverse Beispiele des Missverstehens, Fehlinterpretierens oder Zurechtbiegens in den Übersetzungen aus der arabisch-islamischen Welt des Mittelalters entdeckt. Gleiches gilt für die zweite Phase, als aus dem Arabischen ins Lateinische übertragen wurde.

Die griechischen Götter, ihre Kämpfe untereinander und ihre Beziehungen zu den Menschen sind beispielsweise ein Stoff, der für den streng monotheistischen Islam wenn nicht inakzeptabel, dann zumindest sehr fremd ist. Kein Problem, findige Übersetzer machen aus Apoll und Dionysos, aus Aphrodite und Hades einfach Engel. Die existieren in der muslimischen Überlieferung sehr wohl, einschließlich der gefallenen ihrer Art. Und wenn die Götter unisono etwas von den Menschen verlangen, ist es noch einfacher: Da mutiert der Plural zum Singular – und schon steht Gottes (Allahs) Wille auf dem Papier. So etwa beim Hippokratischen Eid, der ethischen Grundlage des Arztberufs aus dem 4. Jahrhundert v. Ch. Hippokrates schwört die Mediziner auf klare Regeln ein und ruft die griechischen Götter Apoll, Asklepios, Hygieia und Panakeia als Zeugen auf. In der arabischen Übersetzung heißt es dann schlicht: »Ich schwöre bei Gott, dem Herrn des Lebens und des Todes...«

Eine andere bewährte Methode der gelehrten Übersetzer ist es, einfach wegzulassen, was unverständlich ist oder Anstoß erregen könnte: In Aristoteles' Lehrbuch Historia animalium tauchen in der lateinischen Version jene Tiere, die man vor Ort nicht kennt, erst gar nicht auf.

Und im Zweifelsfall, wenn die weltliche oder geistliche Hierarchie gegen fremdes Gedankengut, das in den eigenen Herrschaftsbereich getragen werden soll, opponiert, sind einfach die Übersetzer an allem schuld. Eine besonders schöne Geschichte dazu ist von Robert Bacon überliefert. Der Franziskaner und Philosoph hielt Anfang des 13. Jahrhunderts Vorlesungen über Aristoteles an der Universität Oxford. Danach erlebte er an der Universität in Paris, dass die Bischofssynode intervenierte – und die Lehre des Aristoteles als unchristlich verboten wurde. Aus der Sicht des Franziskaners Bacon war dies ein Fehler. Er argumentierte nun, der griechische Denker sei sehr wohl tragbar. Komme es im Einzelfall zu Widersprüchen mit der christlichen Überlieferung, liege das lediglich an der sprachlich schlampigen Übertragung der Texte. So hoffte Bacon, den Bannstrahl von Aristoteles ablenken zu können.

Wer so weit gelesen hat, mag sich wundern, dass die Fachwelt heute die Qualität der arabischen Texte aus dem Mittelalter lobt und als hohe kulturelle Leistung würdigt. Ein ähnliches Urteil gilt übrigens, wenn auch nicht ganz so einhellig, für die Ergebnisse der zweiten Übersetzungswelle ins Lateinische.

Überraschend wirkt die hohe Anerkennung auch deshalb, weil die Forscher/innen zugleich sehr detailliert die Hürden und Fallen beschreiben auf dem Weg vom Griechischen übers Syrisch-aramäische zum Arabischen und weiter ins Lateinische – und eventuell in die daraus entstehenden Volkssprachen. Selten standen den Übersetzern Originalhandschriften zur Verfügung. Vielmehr hatten sie es mit Manuskripten mehr oder weniger sorgfältiger Kopisten zu tun. Eine Wort-für Wort-Übertragung schwer verständlicher Passagen bot sich eher nicht an, weil man – vom indogermanischen Griechisch ins semitische Arabisch und zurück ins indogermanische Latein – jeweils auch die Sprachfamilie und Satzstruktur wechselte. Außerdem gaben die Schriften Anlass für Mehrdeutigkeiten und Missverständnisse: Das arabische Alphabet beispielsweise besteht nur aus Konsonanten. Vokale können durch eine Punktierung gesetzt werden; oft jedoch wird darauf in profanen Texten verzichtet. Daraus ergeben sich verschiedene Möglichkeiten der Dechiffrierung, nicht nur bei Eigennamen. Das kennen wir: Heißt der Prophet Mohammed oder Muhammad? Steht die halb zerstörte Kalifenstadt bei Córdoba unter dem Namen Medina Azahara oder Madinat al-Zahra? (vgl. Anhang: »Schreibweisen«)

Es existierten keine verbindlichen Glossare zwischen den Sprachen; im selben Text wechselten die Übersetzer oft die Terminologie. Sie waren nicht immer perfekt in der Zielsprache. In Bagdad und Toledo war eine Übersetzung in der Regel Gemeinschaftswerk. Die intensive Teamarbeit ist eine Übersetzungstechnik, die den Rahmen bietet, um gemeinsam über den eigenen Arbeitsprozess nachzudenken und ihn zu professionalisieren. Allerdings fragt sich, wie oft der gemeinsam gefundene Konsens auch dazu diente, kritische, widerständige, »nicht zeitgemäße« Thesen der ursprünglichen Autoren zu schleifen.

»Jeder Text ist auf Deutung angewiesen«, sagt dazu Jekatharina Lebedewa, Leiterin des Seminars für Übersetzen und Dolmetschen an der Universität Heidelberg. Und die Professorin fügt hinzu: »Die von jedem Übersetzer unbedingt zu erbringende intellektuelle Eigenleistung ist die Interpretation.« Sie beschreibt damit den heutigen Stand der Fachdiskussion, bei der die Wirkung auf den Adressaten im Mittelpunkt des Interesses steht, weniger die mechanische Treue zum Ausgangstext. Diese Haltung ist auch der Schlüssel, um das zeitgenössische Urteil der Wissenschaft über die Qualität der Übersetzungen im Mittelalter zwischen Bagdad und Toledo zu verstehen.

Wer gab damals Übersetzungen in Auftrag? Wozu? Und wer machte sie? Entscheidend war jeweils ein weltoffener Herrscher, an dessen Hof ein intellektuelles Klima herrschte. Das zog Gelehrte auch aus weiter entfernten Reichen an, in denen das Denken und Lehren gerade lebensgefährlich war, weil Dogmatismus und Dumpfheit den Ton angaben. Es entstanden Netzwerke von Wissenschaftlern und Übersetzern, die miteinander um Erkenntnisgewinn rangen. Man benötigte weder feste Gebäude noch institutionelle Struktur. Auf das Zuspielen der Bälle kam es an. Das galt für das sogenannte »Haus der Weisheit« im Bagdad ebenso wie Jahrhunderte später für das Zusammenwirken der Gelehrten in Toledo.

Im 8. Jahrhundert, im »Haus der Weisheit«, war es selbstverständlich und unverzichtbar, das Wissen der Alten zu rezipieren. »Die Alten«, das waren die griechischen Philosophen und Wissenschaftler, in deren Nachfolge man sich sah. Ein hochkultiviertes Fachpublikum übertrug füreinander das Erbe der Antike ins Arabische, um es verstehen, debattieren, erweitern, verändern zu können. Von Yusuf al-Kindi, dem einflussreichen Förderer der Wissenschaften im Bagdad des 9. Jahrhunderts, ist die Aussage überliefert: »Wir sollten uns nicht schämen, Wahrheiten anzuerkennen und zu übernehmen, ganz gleich, woher sie zu uns kommen, selbst wenn sie von früheren Generationen und fremden Völkern stammen.« Wer die Welt und was sie zusammenhält, wirklich ergründen will, geht locker gut tausend Jahre in der Menschheitsgeschichte zu »den Alten« zurück.

Als Wissenschaftssprache war Arabisch gut geeignet, besser als das Lateinische, wie manche meinen. Es kam auf die Inhalte an, weniger auf schönen Ausdruck und wortgetreue Übertragung der Quellen. Religiöse Vorbehalte gab es in diesen Kreisen kaum. Interessanter ist, was nicht übersetzt wurde, etwa Aristoteles' Werk »Die politischen Dinge« über Staatsphilosophie und Demokratie.

Im Laufe der Zeit wurden Werke der Griechen – von Aristoteles über Platon bis Galen – immer wieder neu – und besser übersetzt, weil der Erkenntnisprozess fortgeschritten war, sprachlich und inhaltlich. Es gibt kaum Übersetzungen belletristischer Texte aus dem Griechischen und es fehlt völlig die Lyrik: Man war der Meinung, bei der Poesie könne und dürfe Form und Inhalt nicht getrennt werden. Sie sei unübersetzbar. Auch in der zweiten Phase, beim Übertragen der arabischen Vorlagen ins Lateinische, beschäftigte man sich fast ausschließlich mit Fachtexten.

Die Ausgangsfrage, ob Aristoteles sein Werk, mehrfach übersetzt und kulturell überformt, an der Universität Oxford oder Paris wiedererkannt hätte, lässt sich wohl mit Ja beantworten. Der »Alte« hätte zufrieden sein können, vor allem auch deshalb, weil viele seiner Schriften und die anderer griechischer Gelehrter in ihrer Ursprungsfassung gar nicht mehr erhalten waren. Wir kennen nur die arabische Version und das, was die Übersetzer daraus machten.

3 Wie die Forschung arbeitet I:

Wozu eine Wissenschaftssprache taugt

Fatime promoviert an der Universität im iranischen Schiraz in Geologie, mit einem Beitrag zur Erdbebenforschung. Ein brisanter Stoff in dem nicht nur politisch bewegten Land. Natürlich, sagt Fatime, liegt die gesamte Fachliteratur auf Englisch vor. Sie kennt es nicht anders – seit dem Grundstudium. Die Diplomprüfung konnte sie zwar in der Landessprache Farsi ablegen. Jetzt bei der Doktorarbeit aber kommt nur die globale Wissenschaftssprache Englisch in Frage.

Gängige Praxis, auch in Deutschland. Die Technische Universität in München etwa bot 2014 bereits jeden dritten Master-Studiengang auf Englisch an; bis 2020 sollen alle hundert Angebote dieser Art umgestellt sein. Mit dem Verzicht auf Deutsch und der Einführung der, so heißt es, «lingua franca in Wissenschaft und Wirtschaft», verfolgt die TU mehrere Ziele. Sie möchte attraktiv für Spitzenforscher/innen aus der ganzen Welt sein. Studierende und Professor/innen sollen mit englischsprachigen Publikationen größere Chancen haben, zitiert zu werden – und damit ihr Renomee in der internationalen Fachgemeinde zu erhöhen. Und: Man will nicht hinterwäldlerisch wirken mit einem deutschen Ingenieurstitel, wenn den Takt jetzt eben die angelsächsische Welt vorgibt.

Noch existieren in Deutschland politische und universitäre Widerstände gegen einen kompletten Verzicht auf die eigene Wissenschaftssprache. Besonders groß sind sie in den Sozial- und Geisteswissenschaften. Wie soll in Soziologie, Philosophie und Geschichte höchstes wissenschaftliches Niveau erreicht werden – ohne die Muttersprache benutzen zu können? Das fragen sich jene, die einen engen Zusammenhang zwischen präzisem Denkvermögen und tief verwurzeltem Sprachschatz sehen. Angelerntes Englisch reicht demnach für adäquates Formulieren nicht aus. Vorgezogen wird die Arbeitsteilung mit guten Übersetzer/innen.

Kritische Distanz zur globalen Wissenschaftssprache Englisch – das ließe sich als nationaler Kultur- und Sprachegoismus abtun. Doch es gibt selbst unter angelsächsischen Wissenschaftler/innen schwere Bedenken. Sie beobachten und befürchten einen Verfall der eigenen hochdifferenzierten Sprache, wenn sie zum reinen Vehikel des wissenschaftlichen Austauschs auf kleinstem gemeinsamen Nenner wird. Wenn Verständlichkeit vor Genauigkeit steht. Wenn aus Englisch »Globish« wird, mit einem stark reduzierten Vokabular und vereinfachten Grammatikregeln. Da entsteht ein Schaden – so die Kritik – für die Sprache sowie für die Wissenschaft selbst. Verkümmert doch die Debattenkultur, wenn die Tiefe und Vielfalt der Ausdrucksmöglichkeiten auf das technisch Notwendige in der internationalen Kommunikation reduziert werden.

Das Für und Wider ist nicht ganz neu; alles schon mal dagewesen. Denn es gibt eine lange Tradition von »Wissenschaftssprachen«, die in einer Epoche die gemeinsame Verständigungsbasis aller führenden Köpfe in der Welt des Denkens und Forschens sind. Vor Englisch war Latein die lingua franca, davor Arabisch. Latein existiert heute nur noch als »tote Sprache«. Und das Arabische hat in Forschung und Lehre längst seine Herrschafts- und Kulturgrenzen überschreitende Bedeutung verloren. Dabei reichte sie zwischen dem 8. und dem 15. Jahrhundert sehr weit: Von der zentralasiatischen Region, Teilen Pakistans, Afghanistan, Persien und Irak weiter Richtung Westen quer durch die arabische Halbinsel und den Maghreb bis auf die Iberische Halbinsel.

Es ist fast tausend Jahre her, dass der persische Gelehrte al-Biruni (vgl. Kap. 5) schrieb: »In die arabische Sprache sind die Wissenschaften aus allen Weltgegenden übertragen worden und haben dadurch an Glanz gewonnen und sind in die Herzen eingedrungen…Wenn man in der Sprache, in der ich aufgewachsen bin, eine Wissenschaft verewigen wollte, so würde sich diese in ihr so wunderlich ausnehmen wie ein Kamel in der Dachrinne oder eine Giraffe inmitten edler Pferde.«

Al-Birunis Muttersprache war ein persischer Dialekt. Er publizierte auf Arabisch – eine Selbstverständlichkeit in seiner Zeit. Der Berliner Graeco-Arabist Gerhard Strohmaier überliefert das Zitat, um al-Biruni zu widersprechen. Es sei zwar verständlich, meint Strohmaier, wenn ein zentralasiatischer Forscher im 11. Jahrhundert sich nicht vorstellen könne, dass die Umgangssprache, die er zuhause mit den Seinen redet, höchsten intellektuellen Ansprüchen genügen soll. Aber das sei beim Arabischen anfangs auch nicht anders gewesen, argumentiert der Berliner Graeco-Arabist. Jede Sprache sei geeignet, sagt Strohmaier, »zum Ausdrucksmittel der Wissenschaften zu werden, allerdings immer erst im Ergebnis eines längeren Prozesses«. Und den hat das Arabische im 9. Jahrhundert durchlaufen, weil Übersetzer als Wortschöpfer tätig wurden und die Sprache tauglich machten für den differenzierten wissenschaftlichen Disput (vgl. Kapitel 4).

So entstand die »arabische Wissenschaft«. Entscheidende Beiträge steuerten Gelehrte aus dem persischen Kulturkreis bei. Auf Arabisch natürlich, nicht auf Farsi oder in einem der üblichen Dialekte. Das ist ein Umstand, der im Iran bis heute Ärger auslöst und die Rivalität mit der arabischen Welt befeuert: Man fürchtet – nicht ganz zu Unrecht – dass der Anteil der persischen Hochkultur an dem Weltwissen vergessen wird, das im Zuge der islamischen Expansion vom Orient in den Okzident ausstrahlte. Eine im Iran beliebte Klage lautet: Nur weil die Schriften der Weisen auf Arabisch verfasst sind, werde die ganze Fülle mittelalterlicher Erkenntnisse und Einsichten den Arabern angerechnet, diesen eigentlich doch kulturlosen Steppenvölkern… Man hebt sich gern ab von den ungeliebten muslimischen Brüdern und praktiziert Chauvinismus vom Feinsten: Es gibt uns, die Kulturnation der Schiiten, denen in der gemeinsamen Geschichte meistens die Opferrolle zufiel und die Sunniten, die vor allem auf Macht und Stärke setzen und immer schon gut im Aneignen fremder Leistungen waren.

Was auffällt: Wenn es um die weltumspannende Wissenschaftssprache Englisch heuzutage geht, finden sich Iraner und Araber in der »Opferrolle« wieder – und zwar klaglos. Denn nicht nur die iranische Regierung, deren »islamische Revolution« vor allem den Einfluss der USA im Land verdrängen sollte, beugt sich gern der angelsächsischen Vorherrschaft in Wissenschaft und Forschung. Man will schließlich international mitmischen, in Naturwissenschaft und Technik Weltniveau erreichen. Genau so sieht das Irans Antipode jenseits des Persischen Golfs, Saudi-Arabien. Die King Abdullah University of Science and Technology (KAST) beispielsweise lädt Wissenschaftler und Studierende aus der ganzen Welt ein. Schon der Name des Instituts deutet darauf hin: Ohne den Nachweis eines gehobenen Englisch-Zertifikats kann dort niemand arbeiten. Stolze arabische Tradition – hier hat sie keinen Raum.

Junge Leute der Region, wie etwa die iranische Erdbebenforscherin Fatime, haben nichts gegen diese Richtung. Der Einsatz, das lateinische Alphabet zu lernen und Englisch zu pauken, lohnt sich für sie. Denn diese Sprache bietet Anschluss an kulturelle und wissenschaftliche Entwicklungen im führenden Westen. Sie zu beherrschen, weitet den eigenen Horizont. Und eine englischsprachige Abschlussarbeit öffnet möglicherweise die Grenzen, um anderswo weiterstudieren oder arbeiten zu können.

4 Von Bagdad bis Toledo I:

Das Reich des arabischen Wissens wächst

In der 171. Nacht erzählt Scheherazade dem König von einem Drogeriewarenhändler in Bagdad, der »Zugang zum Palast des Kalifen« hatte. »Die meisten Konkubinen und Mätressen des Kalifen ar-Raschid kamen regelmäßig zu ihm in den Laden, und er erledigte alles, was sie brauchten, ganz nach ihren Wünschen.« Das ist eine der Geschichten aus 1001 Nacht, in der Kalif Harun al-Rashid – in anderer Schreibweise – auftaucht. Der Herrscher in Bagdad mit der größten Machtfülle an der Schwelle vom 8. zum 9. Jahrhundert, im »goldenen Zeitalter« der Stadt.

Al-Rashid spielt auch in der frühen deutschen Geschichte eine Rolle, als jener orientalische Machthaber, der enge Beziehungen zu Karl dem Großen pflegt. Bekannt geworden ist der Elefant, den der Kalif dem Kaiser schenkt, als Symbol des islamisch-christlichen Dialogs, als Zeichen der friedlichen Koexistenz der beiden damaligen Weltreiche. Al-Rashid ist heute in der Forschung eine umstrittene Figur: Den einen gilt er als Lichtgestalt, den anderen als brutaler Tyrann.

Ein Blick zurück: Unter al-Rashids Großvater hat dessen Clan, die Abbasiden, die vordem herrschenden Umayyaden bezwungen. Eine arabische Dynastie löst eine andere ab an der Spitze des islamischen Imperiums. Der Umsturz hat allerdings zur Folge, dass sich im Westen – auf der Iberischen Halbinsel und im Maghreb – lokale muslimische Herrscherfamilien abspalten. Das heißt: Unter den Umayyaden hatte das Kalifenreich die größte Ausdehnung gehabt. Nun, unter den Abbasiden, umfasst es »nur« noch Nordafrika ab dem heutigen Libyen, die arabische Halbinsel, das Zweistromland Irak, Persien, Afghanistan, Teile Pakistans und Zentralasiens. Die Macht verschiebt sich nach Osten. Al-Rashids Großvater gibt deshalb auch die bisherige Hauptstadt Damaskus auf und gründet Bagdad.

Ein Blick nach vorn: Bagdad blüht auf, unter al-Rashid und noch stärker unter seinem Sohn Abdullah al-Ma`mun. Während dessen Regentschaft 813 bis 833 gilt Bagdad als die größte Stadt der Welt. Von rund einer Million Einwohnern ist die Rede, von Hunderten von Privatbibliotheken und Palästen, von gebildeten und wohlhabenden Familien, die das verfügbare Wissen der damaligen Welt aufspüren und ins Arabische übertragen lassen. Zu den Gönnern der Gelehrten gehört der Herrscher selbst. Al-Ma`muns Interesse am rationalen Denken, an allen Wissenschaften von Mathematik bis Theologie, nimmt Gestalt an im »Haus der Weisheit«. Es ist ein Zentrum des Übersetzens und der intellektuellen Diskussion, ein Anziehungspunkt für kluge Geister aus dem gesamten Reich. Manchmal wird sogar von Bagdad als »Stadt der Weisheit« gesprochen. Damit kommt zum Ausdruck, dass nicht nur am Hof des Kalifen das freie kreative Denken gefördert wird, sondern dass es viele Mäzene gibt am Ort.

Und kundige Übersetzer, deren Wirken bis heute gelobt wird. Allen voran Hunain ibn Ishaq. Er lebt im 9. Jahrhundert in Bagdad und gehört dem nestorianischen Christentum an – einer im Orient verbreiteten, vom Vatikan aber geächteten Glaubensrichtung. Seine Muttersprache ist Syrisch-aramäisch. Hunain studiert Medizin, lernt Griechisch und Arabisch und arbeitet als Übersetzer für das Haus der Weisheit. Seine Kenntnisse prädestinieren ihn geradezu für die Übertragung medizinischer Fachliteratur, wie sie etwa von der Koryphäe antiker Medizin, Galen von Pergamon, überliefert ist. Hunain verfasst eigene Werke, beispielsweise eine Schrift zur Augenheilkunde und ein griechisch-syrisches Wörterbuch. Hunain gilt als Meisterübersetzer seiner Zeit, als Ausnahmeerscheinung. Er bereichert die arabische Sprache, indem er griechische Fachbegriffe einpasst, also zu Lehnwörtern macht. Seine Übersetzungsmethoden übernehmen Sohn und Neffe. So tragen auch sie ihren Teil zur Entwicklung der arabischen Sprache und Wissenschaft bei.

Die Abbasiden stellen nun Jahrhunderte lang, bis 1516, den Kalifen. Doch mit der geballten religiösen und politischen Macht ist es viel früher vorbei. Aus mehreren Gründen: Die islamische Einheit geht verloren; der Unterschied zwischen Schiiten und Sunniten wird zum Spaltpilz. Was als Familienstreiterei um die Nachfolge Muhammads begann, vertieft sich zum unüberwindbaren Graben zwischen Glaubensbrüdern. Außerdem: Aus pragmatischen

Gründen überlassen die Abbasiden in ihrem Riesenreich mit verschiedensten Völkerschaften die Verwaltung oft einflussreichen Clans vor Ort. Das stärkt zentrifugale Kräfte. Wer sich stark genug fühlt, beispielsweise in den persischen Provinzen, löst sich weitgehend von der Zentralgewalt. Ein Machtmittel allerdings bleibt in der Hand des jeweiligen Kalifen: Er ist religiöser Führer und kein regionaler Sultan kommt ohne seinen Segen aus.

Und immer öfter sticht die militärische Karte. Die Abbasiden greifen zu ihrem Schutz auf fremde, meist türkische Söldner und Sklaven zurück, um unabhängig von den Stammesfehden und Interessenskollisionen im eigenen arabischen Haus zu sein. Und wie so oft in der Geschichte, wenden sich die Krieger bald gegen ihre Herren und übernehmen selbst die Macht. Genau so handelt auch die Militärdynastie der Mamelucken. Unübersehbar wird das nach der Großoffensive der Mongolen im Jahr 1258, bei der sie unter anderem Bagdad völlig zerstören. Zunächst greifen die Mamelucken die Mongolen an. Dann arrangiert man sich bei der Gebietsaufteilung und etabliert beste Handelsbeziehungen. Das so entstandene Mameluckenreich mit der Hauptstadt Kairo besteht mehr als 250 Jahre, bis auch dort die Ära der Osmanen beginnt.

Kriege, Eroberungen, Umstürze, Herrschaftswechsel – das ist die eine Seite der Medaille. Sie prägt das Leben der Menschen im großen islamischen Einflussgebiet, mal stärker, mal schwächer, hier mehr, dort weniger. Aber es gibt immer und überall auch die andere Seite: Kulturelle Kontinuität, die allein schon dadurch entsteht, dass Bräuche und Gewohnheiten des täglichen Lebens gepflegt und weiter entwickelt werden, mal unter schlechteren, mal unter besseren Bedingungen. Doch auch Wissenschaft und Forschung sowie die praktische Anwendung der erzielten Erkenntnisse kommen im arabisch-islamischen Kulturkreis nie zum Stillstand. Dabei sind die Förderer von Kultur und Wissenschaft nicht automatisch Menschenfreunde, sondern sogar oft besonders autoritäre und machtbesessene Provinzfürsten. Gelehrte flüchten manchmal mehrmals in ihrem Leben – von dogmatischen oder dummen zu intellektuell interessierten Herrschern. Irgendwo geht es immer weiter mit dem Anspruch, zu erkennen, was die Welt im Innersten zusammenhält.

5 Bagdad & Co.:

Porträts von gelehrten Gestaltern

Tausende von Kilometer trennen die Wirkungsstätten der vorgestellten Denker; um mehr als 400 Jahre differiert ihre Lebenszeit. Es ist, auf heutige Verhältnisse übertragen, als würde man eine Epoche überbrücken, die von Galileo Galilei bis Stephen Hawking reicht, als wollte man Wissenschaftler vorstellen, die zwischen Portugal und Finnland arbeiten. Andererseits: Die gemeinsame Basis der folgenden »arabischen« Forscher ist nicht nur die Wissenschaftssprache, in der sie kommunizieren und der Islam als tragendes Glaubens- und Rechtssystem. Vielmehr eint sie die Orientierung an und Auseinandersetzung mit dem, was die »Alten«, die Weisen aus dem antiken Griechenland hervorbrachten. Was einen Zeitsprung von immerhin einundhalb Tausend Jahren bedeutet.

Anwendungsorientierte Forschung:
Abu Abdullah Muhammad ibn Musa al-Khwarizmi (780-850)

Er stammt aus Choresmien, einer Region südlich des Aralsees, die heute zu Usbekistan gehört. Seine wissenschaft-

lichen Arbeiten schafft Al-Khwarizmi hauptsächlich im
»Haus der Weisheit« in Bagdad, dem Gelehrtennetzwerk
am Hof des Regenten al-Ma'mun. Er macht die Algebra
zu einem eigenständigen Zweig der Mathematik, führt das
»indische Rechnen« im Dezimalsystem in der arabischen
Welt ein (vgl. Kap. 6) und entwickelt die Geometrie weiter.

Die vielfältigen Kenntnisse im Umgang mit Zahlen, mathematischen Formeln und komplizierten Berechnungen
nutzt der Gelehrte für konkrete, dem Hof nützliche Aufgaben. Im Buch über Arithmetik beschreibt er selbst, dass
die Anwendung seiner Methoden helfen kann bei Erbschaften und Gerichtsverhandlungen, im Handel, bei der
Vermessung von Ländereien und beim Graben von Kanälen. Nützlich sind auch die um trigonometrische Tabellen
ergänzten Sternenkarten sowie al-Khwarizmis detaillierte
Entfernungsmessungen. Er beherrscht sein mathematisches Handwerk und ist so in der Lage, entscheidend neue
Wege in Astronomie und Geografie zu eröffnen.

Die Kinderkrankheiten seiner Zeit:
Abu Bakr Muhammad ibn Zakariyya al-Razi (865-925)

In der lateinischen Welt wurde er Rhazes genannt. Seine
medizinischen Lehrwerke waren lange auch dort verbreitet.
Und das, obwohl sich gut hundert Jahre später im 11. Jahrhundert Ibn Sina (s. u.) knapper und kürzer fasste. Aber al-
Razi, der »arabische Galen«, wie ihn manche nennen, hatte
dem berühmten Nachfolger etwas Bleibendes voraus: Die
alltägliche klinische Erfahrung und den Blick auf spezielle
Patientengruppen wie Kinder und psychisch Kranke.

Fasziniert sind die Forscher/innen, die sich mit al-Razi beschäftigen, über seine streng rationale und analytische Herangehensweise. Er leitet erst ein Krankenhaus in seiner persischen Heimatstadt Rayy und später in Bagdad. Die klinischen Einblicke und Einsichten nützen ihm, den ansonsten hochverehrten griechischen Vorbildern Hippokrates und Galen im Einzelfall klar zu widersprechen. Rhazes belässt es nicht bei scharfen Beobachtungen und detaillierten Notizen. Er gilt als erster wirklicher Experimentator in der Medizin. Bekannt ist beispielsweise, dass er Meningitis-Patienten in zwei Gruppen einteilte. Die einen Kranken wurden mit einem Aderlass behandelt, die anderen nicht. Der Versuch zeigte deutlich, dass hier der Aderlass – anders als es die herrschende Lehre vorgab – wirkungslos war.

Bahnbrechend ist seine Schrift, in der er Pocken und Masern unterscheidet. Neu ist sein spezieller Blick auf Kinderkrankheiten. Das Buch hat in der lateinischen Fassung »Liber de morbis infantium« bis in unsere Zeit überdauert. Al-Razi beginnt bei der richtigen Erstversorgung des kleinen Kindes nach der Geburt. Er legt viel Wert auf die Wahl einer guten Amme und auf gesunde Ernährung. Schließlich soll der kleine Körper in die Lage versetzt werden, eigene Heilkräfte aufzubauen. Man hat hochgerechnet, dass in Rhazes' Zeit nur etwa jedes zweite Kind älter als 14 Jahre wurde. Es gab also allen Grund, sich als Arzt die »lebensgefährliche« Phase der Kindheit genauer vorzunehmen. Rhazes tut das. Er beschreibt einzelne Krankheiten nicht nur, sondern gibt auch genaueste Anweisungen für wirkungsvolle Arzneien und ihre kindgerechte Dosierung.

Im Iran wird der 27. August als al-Razi-Tag oder auch als »Tag der Pharmazie« gefeiert. Das zeigt seine Bedeutung auf diesem Gebiet. Noch im 15. Jahrhundert gehörten seine Arzneimittel zum Standard im Westen, insbesondere die Medikamente, die er für Kinder entwickelte (vgl. Kap. 12).

Bleibt anzumerken, dass sich al-Razi als Philosoph dem Vorwurf der Ketzerei und Häresie aussetzte. Einfach deshalb, weil er seine analytischen, streng von der Vernunft geprägten Methoden auch auf die Religion anwendete. Da musste eine Offenbarungsreligion wie der Islam mit einem unantastbaren Propheten schlecht wegkommen. Es war ein schmaler Grat, auf dem der hochgeachtete Wissenschaftler balancierte, wenn er in Glaubensfragen polemisierte. Von Ibn Sina ist der Stoßseufzer überliefert: »Hätte er es doch nur beim Urin-Vermessen belassen!«

Der Gelehrte kritisiert den Propheten: Abu Rayhan Muhammad al-Biruni (973-1048)

Sein Leben ist exemplarisch für das vieler Gelehrter seiner Epoche – in mehrfacher Hinsicht. Al-Biruni beeinflusst die arabische Wissenschaft maßgeblich, ohne je in Bagdad gewesen zu sein. Er studiert und wirkt an vielen Höfen, je nach dem Wohlwollen der jeweiligen Herrscher. So wird er zu einem weit gereisten Mann seiner Zeit, der zwischen Kath im heutigen Usbekistan, Rayy und Gorgan im Norden Irans und Ghazni in Zentralafghanistan pendelt, um förderliche Bedingungen für seine Studien zu finden. Ein geografisches Dreieck, mit Seitenlängen von rund tausend Kilometern, Luftlinie wohlgemerkt. Was Reisen im 10.

und 11. Jahrhundert in Zentralasien bedeutete – und wie es ein Gelehrter schaffte, die Privatbibliothek heil von einer Wirkungsstätte zur anderen befördern zu lassen, können wir uns nur annähernd vorstellen. Dazu kamen al-Birunis ausführliche Studienreisen, vor allem durch Indien.

Al-Biruni war einer der größten Gelehrten seiner Zeit, nicht nur als Astronom, Mathematiker und Geograf. Schon früh betrieb er so etwas wie vergleichende Wissenschaften und kam zu dem Schluss, dass Wissenschaft und Religion, Vernunft und Glauben verschiedene Angelegenheiten sind, die nebeneinander bestehen – und tunlichst nicht vermengt werden sollen. In seinem 15-bändigen Werk »Die Chronologie alter Nationen« beschreibt er nicht nur die Geschichte der ihm bekannten Länder. Er versucht auch zu verstehen, wie in jeder Gegend Jahr, Monat, Woche, Tag und Stunde gezählt werden und ob sich die unterschiedlichen Zeitmessungen vergleichen lassen. Ebenso stellt er religiöse und profane Bräuche, Feste und Traditionen gegenüber.

Mit erstaunlichen Einsichten: al-Biruni entdeckt beispielsweise, dass Muslime zunächst in Richtung Jerusalem gebetet hatten, bevor Mekka die Orientierung vorgab. Die Manichäer wiederum lenkten ihre Gebete zum Nordpol, erfährt er. Und schließt aus diesen Beobachtungen: Ein Mensch, der beten will, braucht überhaupt keinen Markierungspunkt, der die Richtung des Gebets bestimmt. Das hält al-Biruni nicht davon ab, an all seinen Wirkungsstätten immer exakt die Lage Mekkas zu bestimmen, seinen muslimischen Gönnern zu Diensten. Ebenso kennt er genau die praktische Relevanz seiner vergleichenden Zeitmessung.

Sie taugt dafür, Regierungsphasen von Königen präzise zu berechnen – und sie hilft beim Handel über Grenzen.

Er war ein Meister der astronomischen Beobachtungen und Berechnungen. Er sah sich genau an, wie einzelne Völker die Länge des Jahres mit dem beobachtbaren Stand der Gestirne synchronisierten. Wir folgen heute dem gregorianischen Kalender: Jedes vierte Jahr wird mit dem 29. Februar um einen Tag verlängert. Al-Biruni verglich die verschiedenen Lösungen, die in seinen Untersuchungsgebieten existierten. Ausdrücklich lobte er etwa die Babylonier für ihr System – und scheute nicht vor der Konsequenz zurück, dementsprechend den Propheten Muhammad zu tadeln. Der hatte die sog. Interkalation verboten, das heißt, die in der vorislamisch-arabischen Welt übliche Praxis, nach mehreren Mondjahren einen Schaltmonat einzufügen, um den Kalender mit dem Rhythmus der Himmelskörper in Einklang zu bringen.

Al-Biruni nutzte den Stand der Sonne im Zenit, um die geografische Breite eines Ortes exakt zu bestimmen. Er berechnete den Umfang der Erde erstaunlich genau. Er hielt es für möglich, dass die Erde sich um die Sonne dreht. Denn seine astronomischen Berechnungen verstand er so, dass sie eine stationäre Erde erklären, dass sie aber auch bedeuten könnten, dass sich die Erde am Tag einmal um sich selbst dreht und im Jahr einmal um die Sonne kreist. Kritisch betrachtete al-Biruni allerdings die physikalische Seite des Phänomens: Wie hält sich der Mensch auf der Erde, wenn die keinen Fixpunkt hat?

Bekannt geworden ist der Universalgelehrte auch durch den wissenschaftlichen Disput mit seinem Zeitgenossen Ibn Sina (vgl. Kap. 13). Al-Biruni hatte eine sehr genaue Vorstellung von der Erde als Globus. Die Landmasse der damals bekannten Welt füllte nur zwei Fünftel der Erdoberfläche. Laut herrschender Meinung war »der Rest« Meer. Al-Biruni hielt dagegen: »Es gibt nichts, was die Existenz bewohnter Länder verbieten würde.« Inzwischem gibt es Wissenschaftler, die ihn deshalb für einen der frühen »Entdecker« Amerikas halten. Angemerkt sei, dass al-Birunis alte Geburtsstadt Kath, in der Nähe der usbekischen Stadt Urgentsch gelegen, heute zu seinen Ehren Beruniy heißt.

Ein Platz in Dantes' Vorhölle:
Abu Ali al-Hussein ibn Abdullah ibn Sina, lateinisch: Avicenna (980-1037)

Alle zwei Jahre vergibt die Unesco den Avicenna-Preis für Wissenschaftsethik. Zu gewinnen ist unter anderem ein Besuch in der Islamischen Republik Iran, deren Regierung die Auszeichnung angeregt hat. Denn es geht um einen Großen unter den alten persischen Gelehrten, manche sagen um den größten und wichtigsten des arabisch-islamischen Mittelalters: um den Mediziner und Philosophen Ibn Sina. Im Westen ist er besser bekannt unter dem latinisierten Namen Avicenna. Er war, so schreibt die Unesco, ein »Heiler und Humanist«, der durch seine »ganzheitliche Herangehensweise« an die Wissenschaftsethik »Inspirationsquelle« für heutige Forscher/innen aller Fachrichtungen sein kann.

In Dantes »Göttlicher Komödie« sitzt Avicenna in der Vorhölle, zusammen mit Homer, Aristoteles, Averroes und anderen Dichtern und Denkern. Das ist Anfang des 14. Jahrhunderts im christlichen Florenz durchaus als Auszeichnung zu verstehen. Denn die Vorhölle ist für die unschuldig schuldig Gewordenen gedacht, für Geistesgrößen, die im Leben das Pech hatten, keine getauften Christen zu sein.

Ibn Sina war ein früher Star – und er wusste es. Überliefert sind nicht nur seine Werke und Wohltaten, sondern auch seine Arroganz. Sie kam etwa im Briefwechsel mit seinem Zeitgenossen al-Biruni zur Geltung (s. Kap. 13). Dazu passt, dass Ibn Sina nicht nur auf Arabisch – der einzig maßgeblichen Wissenschaftssprache seiner Zeit – sondern auch auf Persisch publizierte. Er glaubte daran, trotzdem Gehör zu finden.

In Buchara im heutigen Usbekistan geboren, machte sich Ibn Sina zunächst als Arzt einen Namen. Mit dem »Kanon der Medizin« gelang ihm ein Lehrbuch, das Jahrhunderte lang als Standardwerk galt, in der arabisch-islamischen Welt ebenso wie in der christlich-lateinischen. Selbst in Indien und China kursierten Übersetzungen. Im »Kanon« stellte Ibn Sina Anfang des 11. Jahrhunderts alle Erkenntnisse zusammen, die bis dahin von den Griechen Hippokrates und Galen überliefert, erprobt und hinterfragt worden waren. Er verband dieses Wissen auch mit medizinischen Kenntnissen aus Persien und Indien.

Der Gelehrte stützt sich bei seiner Zusammenschau auf die klinischen Erfahrungen von al-Razi (s.o.) ebenso wie auf eigene Beobachtungen und Auswertungen. Ibn Sina beschreibt beispielsweise detailliert die Anatomie des Auges. Er kommt der Ursache ansteckender Krankheiten auf die Spur und erkennt die Einflüsse der Psyche auf die Gesundheit. Sehr gründlich erforscht der Mediziner auch die Wirkung von Arzneien und Rezepturen, um Leiden lindern oder heilen zu können.

Als Avicenna blieb Ibn Sina ein Star – auch im Westen. Der »Kanon« wurde bereits rund 60 Jahre nach Vollendung zum ersten Mal in Toledo von Gerhard von Cremona ins Lateinische übersetzt. Der Text machte die Runde in Europa, wurde immer wieder neu übertragen, kommentiert, erweitert, verbreitet. Bekannt ist beispielsweise eine medizinische Handschrift aus Würzburg von 1347. Sie zeigt den stilisierten Kopf eines Menschen, in dem der Sitz von zehn Sinnesorganen markiert ist. Das Blatt stammt von dem Gelehrten Berthold Blumentrost, der in Würzburg in lateinischer Sprache Vorlesungen über Medizin nach den Lehren Avicennas hielt. In dieser Rolle hat es Ibn Sina auch in einen Weltbestseller geschafft: In Noah Gordon's »Der Medicus« tritt er im Spital von Isfahan als der Mann auf, »den die Perser den Arzt der Ärzte nannten.«

Geistesgeschichtlich ist Ibn Sinas Einfluss als Philosoph noch weitreichender. Er kennt »seine« Griechen Platon und Aristoteles bestens. Und er ist vertraut mit der neoplatonischen Schule, die Platons Lehren über alles stellt und die Beiträge seiner Schüler und Nachfolger – wie eben Aristoteles – eher als geistige Vorübung und gedankliche Ergänzung im Detail gelten lässt. Ibn Sina reagiert pragmatisch, um die Aufgabe zu lösen, die er sich stellt: Er will einen Ausgleich herstellen zwischen der philosophischen Erkenntnis durch die Vernunft und den als ewig angenommenen Wahrheiten der Religion. Ibn Sina greift bei beiden – Platon und Aristoteles – zu und argumentiert: Wenn die Philosophen von der Herkunft der Welt aus dem Ur-Einen ausgehen, dann widerspricht das nicht der Botschaft einer Offenbarungsreligion, wie sie der Islam ist. Demnach schließen sich Ratio und Glauben nicht aus. Die Philosophie behält ihren eigenen Stellenwert und zeigt einen Weg zum vernunftgeleiteten individuellen Humanismus auf. Ibn Sinas Anspruch ist es, die Existenz Gottes mit logischen Mitteln zu beweisen. Seine Philosophie formuliert er in dem Werk »Buch des Heilens«, das sich nicht auf die Überwindung von körperlicher Krankheit, sondern auf das Ende von seelischer Leere und geistiger Unwissenheit bezieht. Diese Sicht der Dinge bleibt in der arabisch-islamischen Welt nicht unkommentiert (s. al-Ghazali) und beeinflusst später christliche Denker des 13. Jahrhunderts wie Thomas von Aquin und Albertus Magnus.

Kritische Gegenstimme oder dogmatischer Vordenker? Abu Hamid Muhammad ibn Muhammad al-Tusi al-Shafi al-Ghazali, lateinisch: Algazel (1058-1111)

An ihm scheiden sich die Geister – bis heute. Geboren im persischen Tus wirkte er als Universalgelehrter lange Zeit in Bagdad. Stein des Anstoßes waren und sind seine theologischen und philosophischen Arbeiten. Im Zentrum steht das Buch, dessen lateinische Übersetzung Destructio philosophorum heißt und das im Deutschen »Die Inkohärenz der Philosophen« oder auch »Der innere Widerspruch der Philosophen« genannt wird. Al-Ghazali wendet sich darin gegen die griechische Philosophie und ihre Anhänger – vor allem gegen Ibn Sina.

Die rationalistische Herangehensweise, die die Vernunft in den Mittelpunkt stellt und alles Denken und Handeln davon ableitet, ist für ihn nicht mit dem Islam vereinbar. Al-Ghazali steht für eine konservative und mystische Interpretation seiner Religion, wie sie im Werk »Die Wiederbelebung der religiösen Wissenschaften« zum Ausdruck kommt. Darin enthalten sind beispielsweise Texte zur Lehre von den Stufen zur Gottesliebe und zur islamischen Ethik. Seine intensive Auseinandersetzung mit religiöser Wissenschaft führte ihn immer näher an den Sufismus heran. Das ist die Strömung im Islam, die asketische Tugenden pflegt und eine starke spirituelle Orientierung aufweist. So stellt al-Ghazali das »Schmecken« – die unmittelbare intuitive Erfahrung – als Erkenntnisweg über den des theoretischen Erfassens. Der Philosoph systematisiert das Gedankengut der Sufis und versucht, die traditionelle islamische Lehre mit diesem mystischen Ansatz zu versöhnen.

Warum aber polarisiert dieser Gelehrte so? Das hängt mit der Wirkung seiner Schriften zusammen. Zu beobachten ist, dass in der Zeit nach al-Ghazali die Offenheit, Weltzugewandtheit und Schöpferfreude der Forscher in der islamischen Welt abnimmt. Die Frage ist nun, ob er unmittelbar für den Niedergang des »goldenen Zeitalters der arabischen Wissenschaft« verantwortlich gemacht werden kann. War al-Ghazali der Hausphilosoph der islamischen

Reaktion? Verursachte er das Ende der Aufklärung? Kamen nach ihm nur noch wissenschaftsfeindliche Theologen, für die eine »Vernunftreligion« undenkbar und ketzerisch war? Wer so denkt und die Geschichte so interpretiert, für den stellt al-Ghazalis Werk einen Wendepunkt dar: Die arabische Welt verliert ihre intellektuelle Führungsrolle; europäische Gelehrte füllen das Vakuum.

Dieser Einschätzung widersprechen andere Autoren. Für sie steht fest: al-Ghazali war ein unabhängiger Kopf, der mit seinen Arbeiten das kritische Denken anregen wollte. Es war nicht seine Absicht, die wissenschaftliche Wahrheitssuche mit einem dogmatischen Schlusspunkt zu beenden. Tatsächlich ist der Konflikt zwischen dem orthodoxen Islam und einer rationalistischen Strömung uralt. Ist der Koran Menschenwerk oder direkte Vorschrift Gottes? Das ist eine der Fragen, die immer wieder kontrovers diskutiert wurden. Und je nach Epoche und Region obsiegte immer mal wieder die eine über die andere Seite. Demnach war al-Ghazalis Verdienst oder Tragik – je nachdem – dass seine philosophische Sicht von Gott und der Welt perfekt in die politische Landschaft seiner Zeit passte. Und damit stärker ausstrahlte und Wirkung zeigte, als dies früher oder später womöglich der Fall gewesen wäre.

Eins steht fest: Die Debatte um das Verhältnis von Wissenschaft und Islam war mit al-Ghazali nicht zu Ende. Ibn Rushd, auch als Averroes bekannt, sollte sich bald daran machen, seinerseits die Weltanschauung al-Ghazalis zu widerlegen und eine Lanze für die Vordenker – von Aristoteles bis Ibn Sina – zu brechen (vgl. Kap. 8).

**Sterne vom Himmel holen:
Nasir al-Din al-Tusi (1201-1274) und Kollegen am Maragha-Observatorium**

Seine Methode, Planetenbewegungen sichtbar zu machen, ist in der Astronomie als Tusi-Paar bekannt. In den »Tafeln der Ilchane« registrierten der Universalgelehrte al-Tusi und seine Mitstreiter an der Maragha-Sternwarte die Ergebnisse ihrer Beobachtungen der Himmelskörper. Sie entwickelten neue Instrumente und korrigierten die Längen- und Breitengrade für die Orte der Region. Das Observatorium östlich der heutigen iranischen Hauptstadt Teheran hat eine besondere Bedeutung für die Entwicklung des orientalischen Wissens.

Denn Maragha ist eine Gründung der Mongolen. Das ist in doppelter Hinsicht bemerkenswert: Es war dieser zentralasiatische Stamm, dessen Truppen im frühen 13. Jahrhundert Zentren der Kunst und Gelehrsamkeit wie Nishapur vernichteten, Bagdad und seine Bibliotheken dem Erdboden gleichmachten und nach landläufiger Meinung den Niedergang der arabisch-islamischen Hochkultur bewirkten. Zugleich aber ermöglichten die Mongolen über eine Stiftung, dass in Maragha jahrzehntelang die kundigsten Astronomen forschten und lehrten – unabhängig vom jeweiligen Herrscher. Und rund zwei Jahrhunderte lang sorgten sie mit weiteren Observatorien in Tabriz und Samarkand dafür, dass die Erforschung der Gestirne florierte.

Al-Tusi leitete ab 1259 die Sternwarte von Maragha. Schnell wurde sie zum astronomischen Zentrum der damaligen

Welt. Hier flossen Erkenntnisse über die Bewegungen der Sterne zusammen, die bisher in weit entfernten Gegenden des islamischen Herrschaftsgebietes gewonnen worden waren. So vertiefte etwa Muhyial al-Din al-Maghribi, der von Nordwestafrika über das syrische Aleppo nach Maragha gekommen war, mit seinen »westlichen« Beobachtungs- und Messergebnissen das Wissen, das al-Tusi in Ostpersien gesammelt hatte.

Exakte astronomische Forschung hat im Islam eine große religiöse Bedeutung – von der korrekten Ausrichtung der Gebetsnische nach Mekka bis zur ortsbezogenen Berechnung der täglichen Gebetszeiten und der Dauer des Fastenmonats Ramadan. Immer wieder aber haben die Gelehrten es verstanden, ihre astronomische Forschung weit über diesen engen Zweck hinaus auszudehnen. So auch in Maragha. Mit geschärften Beobachtungsinstrumenten und neuen Berechnungsmethoden konnten die klassische Astronomie des Ptolemäus korrigiert und die Theorien über Sonne und Mond fortgeschrieben werden. Selbst andere Wissenschaften gediehen auf der Sternwarte. Al-Tusi etwa entwickelte die Trigonometrie zu einem unabhängigen Teilgebiet der Mathematik weiter. Kamal al-Din al-Farisi (1267-1319) machte sich einen Namen als Optiker: Er gilt als erster, der die Entstehung des Regenboges richtig begriff und beschrieb.

Al-Tusi, sein Nachfolger als Chef der Sternwarte, Qutb al-Din al-Schirazi und dessen Schüler al-Farisi – das sind nur drei der knapp zwanzig herausragenden Forscher, die in Maragha oder später in Tabriz wirkten. Nikolaus Kopernikus (1473 – 1543) nannte in seinen Werken einige arabische Wissenschaftler namentlich, auf deren Beobachtungen und Theorien er aufbaute. Al-Tusi war nicht dabei, jedoch ist nachgewiesen, dass Kopernikus ganz selbstverständlich dessen überliefertes Handwerkszeug, die Methode des Tusi-Paars und das astronomische Tafelwerk der Ilchane nutzte.

6 Wie die Forschung arbeitet II:

Die Anfänge der Arithmetik

Das Werk steht in der Handschriftensammlung der Bayerischen Staatsbibliothek im Regal unter der Signatur Kn 3846: »Die älteste lateinische Schrift über das indische Rechnen nach al-Hwarizmi: Edition, Übersetzung und Kommentar«. Es ist ein wissenschaftliches Gemeinschaftswerk von 1997, herausgegeben von dem Arabisten Paul Kunitzsch und dem Wissenschaftshistoriker Menso Folkerts. Der lange Titel verrät viel über den langen, verschlungenen Weg, den die Forscher zurück verfolgten, um mehr von der Arbeit eines arabischen Gelehrten im 9. Jahrhundert zu verstehen.

Al-Hwarizmi, al-Khwarizmi, al-Chwarizmi, Algorizmi – wie immer der Name bei uns geschrieben wird, es handelt sich um den Mathematiker, Astronomen und Geografen Abu Abdullah Muhammad ibn Musa al-Khwarizmi, der 780 bis 850 lebte und vorwiegend in Bagdad wirkte. Er stand Pate für den Begriff Algorithmus – ein (mathematisches) Verfahren, um ein Problem Schritt für Schritt zu lösen. Wir verbinden heute mit Algorithmus vor allem die

Sprache der Informatik. Im arabischen Mittelalter jedoch ging es erst einmal um ganz elementare Rechenverfahren.

Al-Khwarizmi gebührt das Verdienst, die »indischen Ziffern« samt Anwendungen in der arabischen Wissenschaft bekannt gemacht zu haben. Es sind die Zeichen, die wir heute verwenden und als »arabische« Zahlen kennen. Al-Khwarizmi verfasst in der ersten Hälfte des 9. Jahrhunderts ein arithmetisches Werk, in dem er alles zusammen trägt und auf Arabisch verfügbar macht, was über das »neue Rechnen« aus Indien bekannt ist. Er beschreibt beispielsweise die vier Grundrechnungsarten, das Bruchrechnen und das Ziehen der Quadratwurzel. Al-Khwarizmis Werk selbst ist verschollen. Aber wir wissen davon, weil sich spätere Mathematiker auf sein Werk beziehen. Außerdem ist eine ins Lateinische übersetzte Version aus dem 12. Jahrhundert bekannt, heute zugänglich in der Cambridge University Library. Das Manuskript ist ein Fragment und bricht bei Kapitel 12 plötzlich ab. Es beginnt ohne Titel mit den Worten: Dixit Algorizmi, Algorizmi hat gesagt. Danach folgt ein Lobpreis Gottes.

Im Jahr 1997 taucht eine zweite lateinische Fassung von Dixit Algorizmi auf, in der Bibliothek der Hispanic Society of America in New York. Hier setzt nun die Arbeit der Münchner Wissenschaftler ein, rund 1200 Jahre nach dem Wirken des Mathematikers. Sie untersuchen das »neue« Manuskript über die indischen Zahlen und erkennen sofort: Es ist vollständiger als die Handschrift von Cambridge. Nun geht es an den Vergleich im Einzelnen: Sind beide Texte identisch oder nur leicht veränderte Abschriften derselben lateinischen Vorlage? Und: Beziehen sie sich direkt auf die Quelle, also auf al-Khwarizmis arabisches Werk?

Akribische Untersuchungen ergeben: Die neu entdeckte New Yorker Ausgabe von Dixit Algorizmi ist ausführlicher und korrrekter und stammt vermutlich aus Spanien. Sie basiert wahrscheinlich auf der gleichen lateinischen Übersetzung wie das Exemplar aus Cambridge. Keinesfalls jedoch sind die beiden uns erhaltenen Schriften bloße Kopien einer originären Übersetzung des arabischen Texts. Dafür, so die Münchner Forscher, enthalten sie bereits zu viel »westliches Gedankengut« und zu wenig Arabismen. Auch sprachliche Schlampigkeiten zeigen, dass bereits Kopisten und Übersetzer einen Ursprungstext bearbeitet, geglättet und »latinisiert« hatten.

Inhaltlich sind die beiden Manuskripte aber offenbar sehr nah dran an Khwarizmis arabischem Werk. Vieles wird wiederholt und – nach unserem heutigen Verständnis – umständlich erklärt. Es fehlen klare Fachbegriffe. Was gesagt wird, repräsentiert »eine relativ frühe Stufe des Wissens um das neue indische Rechnen«, stellen die Wissenschaftler fest. Und mit Blick auf die damaligen Verfasser und Leser fügen sie hinzu: »Man hat noch Schwierigkeiten, den Text voll zu verstehen.«

Da ist etwa die Sache mit der Null. Ihre Einführung oder »Erfindung« ist der Schlüssel für die neuen Möglichkeiten, die das »indische Rechnen« bietet. Neun Ziffern und eine Null: Das ist das Dezimalsystem, wie wir es kennen. Im 9.

Jahrhundert fällt es dem arabischen Gelehrten al-Khwarizmi im wahrsten Sinn des Wortes schwer, sich einen Begriff von der Null zu machen. Ihre Funktion wird nur beschrieben. Den lateinischen Übersetzern geht es ähnlich. Kein Wunder, sagen die beiden zeitgenössischen Wissenschaftler, das Wesen der Null war schwer zu begreifen, »schließlich bedeutet sie einerseits ›nichts‹, erhöht aber andererseits den Wert der vor ihr stehenden Ziffer auf das Zehnfache.«

Wer einen Blick auf die lateinischen Handschriften werfen will, muss nicht die Bibliotheken in New York oder Cambridge aufsuchen. Die Professoren Kunitzsch und Folkerts haben an ihre Untersuchung ein Faksimile von Dixit Algorizmi aus der Bibliothek der Hispanic Society of America angehängt. Der Augenschein offenbart Erstaunliches: Das Manuskript besteht fast nur aus durchgängigem Text. Ganz selten sind einzelne Ziffern zu sehen. Lateinkundige entdecken, dass alle Rechenoperationen – wie Multiplikation oder Division – verbal beschrieben werden. Genauer gesagt: Umschrieben. Denn arithmetische Fachbegriffe wie Zähler und Nenner, Subtrahend oder Quadratzahl gibt es noch nicht. Sie müssen erklärt werden, »sehr ausführlich und manchmal langatmig«, urteilen aus heutiger Sicht die Münchner Forscher.

Al-Khwarizmi war Pionier. Er erklärte das neue indische Rechnen so gut er konnte und setzte damit eine Auseinandersetzung unter den Gelehrten und Übersetzern mit dem Stoff in Gang, die schrittweise zu einem immer tieferen Verständnis führte. Texte aus der arabischen Welt, die rund hundert Jahre nach ihm entstanden, beweisen, »dass man das von den Indern übernommene Wissen nicht nur verstanden, sondern auch weiter entwickelt hat«, stellen Kunitzsch und Folkerts fest. Man nutzte Fachbegriffe und Verfahren, die das Rechnen erleichterten.

Dieser Erkenntnisstrang war aber nicht überall bekannt. Offenbar auch nicht den Verfassern der beiden lateinischen Handschriften Dixit Algorizmi, die heute in den Bibliotheken von New York und Cambridge liegen. Sie übersetzten im 12. Jahrhundert das dreihundert Jahre alte Werk des arabischen Mathematikers, ohne die wissenschaftliche Entwicklung zu kennen, die Al-Khwarizmis Anstoß bereits ausgelöst hatte. Sie setzten neu an und vervielfältigten einen Wissensstand, der bereits überholt war. Aber von dem eben noch längst nicht alle Gelehrten zwischen Bagdad und Toledo wussten.

Das Ergründen der Vergangenheit ist noch lange nicht zu Ende. Auch das verrät »Die älteste lateinische Schrift über das indische Rechnen nach al-Hwarizmi: Edition, Übersetzung und Kommentar«.

7 Von Bagdad bis Toledo II:

Letzte Ausfahrt al-Àndalus

Toledo 1085. König Alfons VI. von Kastilien und León besiegt nach verschiedenen Anläufen endgültig die maurischen Regenten und nimmt die Stadt im Zentrum der Iberischen Halbinsel ein. Sie wird Hauptstadt seines christlichen Reiches und oberster Bischofssitz. Doch ausgerechnet diese Stadt entwickelt sich bald zur Hochburg des arabischen Weltwissens. Eine Drehscheibe zwischen Ost und West, ein Treffpunkt der Gelehrten und Übersetzer, egal ob sie Christen, Muslime oder Juden sind.

Tatsächlich ist Toledo zweihundert Jahre lang die bedeutendste Begegnungsstätte von Orient und Okzident, angeregt von einem klugen Erzbischof und später ausgebaut von einem ehrgeizigen christlichen König. Das ist erklärungsbedürftig. Die Vorgeschichte im Stenogrammstil:

Im Jahr 711 setzen muslimische Heere von Nordafrika aus auf die Iberische Halbinsel über. In knapp fünfzig Jahren erobern sie ohne nennenswerten Widerstand fast das gesamte Gebiet. Nur einige Landstriche im Norden – von

Galizien bis Katalonien – bleiben unter christlicher Herrschaft. Hauptstadt des neuen Reichs al-Àndalus ist Córdoba. Zur Blütezeit soll allein die Bibliothek des Kalifen 400.000 Manuskripte aus Literatur, Philosophie, Religion und allen bekannten Disziplinen der Wissenschaft umfasst haben. Die Große Moschee, die zwischen den Jahren 800 und 1000 laufend erweitert wird, ist geistiges Zentrum. Arabisch ist die maßgebliche Sprache in Politik und Kultur. Im Alltag verständigen sich die Menschen in einer Art Straßenlatein.

Unter der Regentschaft der Mauren – der islamischen Araber und Berber aus Nordafrika und ihrer auf der Halbinsel geborenen Nachkommen – haben Christen und Juden besondere Rechte bei der Ausübung ihres Glaubens. Man respektiert die gemeinsamen Grundlagen: Es gibt in allen drei Religionen nur einen Gott und jede Gruppe beruft sich auf ein »heiliges Buch«: Die Juden auf die Tora, die Christen auf die Bibel und die Muslime auf den Koran.

Im 11. Jahrhundert ist es vorbei mit der politischen Einheit. Ab 1031 zerfällt al-Àndalus in Kleinstaaten, in Taifas, die mal muslimisch, mal christlich regiert werden. So unübersichtlich in den folgenden Jahren im Einzelfall die Beziehungen und Abhängigkeiten, die Fehden und Allianzen sind – der Trend ist eindeutig: Islamische Regenten sind auf dem Rückzug, christliche Könige gewinnen an Boden.

Gleichzeitig jedoch strebt die arabisch geprägte Entwicklung von Kultur und Wissenschaft ihrem Höhepunkt erst noch entgegen. Das hat mehrere Gründe: Es gibt keine kontrollierende Zentralmacht mehr. So gedeiht in den Taifas die künstlerische und wissenschaftliche Vielfalt besonders gut. Immer dann, wenn an einem Ort kleingeistige Despoten siegen, flüchten gebildete Christen, Juden und Muslime in liberalere Nachbarstaaten und tragen dort zum intellektuellen Aufschwung bei. Außerdem schöpfen die Menschen in al-Ándalus aus einem gemeinsamen Vorrat an Formen, das Alltagsleben zu gestalten – unabhängig davon, ob gerade christliches oder islamisches Gesetz gilt.

Dies ist das geistige Klima, in dem Lion Feuchtwanger seinen historischen Roman »Die Jüdin von Toledo« angesiedelt hat. Genau in dieser Zeit beginnt die »Übersetzerschule von Toledo« mit ihrer Arbeit.

Toledo um 1126. In den Bibliotheken der christlich regierten Stadt liegen die Manuskripte von Aristoteles und Platon in arabischer Sprache. Ebenso sind die Kommentare ihrer Schüler aus dem Griechischen übersetzt. Bände mit kritischen Anmerkungen zu den Werken der antiken Philosophen stehen daneben, selbstverständlich ebenfalls auf Arabisch. Nun soll dieser im Laufe von 1500 Jahren entstandene Fundus für die Latein sprechenden Gelehrten der christlichen Welt erschlossen werden.

Ausgerechnet ein Kirchenmann, Erzbischof Raimund von Toledo, hat diese Entwicklung angestoßen. Über seine Motive ist wenig bekannt. Aus Frankreich kommend habe er das kulturelle Potenzial der Stadt klarer erkannt als andere, so heißt es. Wo sonst sollte der arabische Schatz gehoben werden als dort, wo sprach- und traditionskundige Juden,

Muslime und Christen zusammenlebten? Außerdem: Für die Kirche konnte es nur von Vorteil sein, wenn sie die Denkweise der Andersgläubigen genau kannte.

Da sitzen sie nun beieinander, die Übersetzer und Gelehrten und übertragen Texte und Bedeutungen: Ein Maure oder ein Jude gibt den arabischen Text im Straßenlatein Kastiliens wieder. Ein lateinisch sprechender Christ übersetzt diese Version in die Kirchensprache. Die Endkorrektur liegt meist in der Hand eines hochgebildeten Geistlichen, der alle Finessen der lateinischen Schriftsprache beherrscht.

Wohlgemerkt: Es gab in Toledo nie ein bestimmtes Gebäude, eine feste Institution, in der sich die klugen Köpfe trafen – etwa eine Universität oder ein Sprachenzentrum. Vielmehr entstand aus einer zunächst lose zusammengefügten kleinen Gruppe Intellektueller schnell ein immer dichtmaschiger werdendes Netz von vielseitig gebildeten Übersetzern.

Viele, die in Toledo wirkten, waren beides zugleich: Forscher und Übersetzer. Einer davon ist Gerhard von Cremona. Er kommt im 12. Jahrhundert aus seiner italienischen Heimat nach Toledo. Sein besonderes Interesse gilt dem astronomischen Lehrwerk Almagest des griechischen Forschers Ptolemäus, das zu der Zeit nur mehr in einer arabischen Version existiert. Gerhard lernt also diese Sprache und übersetzt den Almagest ins Lateinische. Doch nicht nur dieses Werk. Gerardus Cremonensis, wie sein lateinischer Name lautet, werden um die 80 Übersetzungen zugeschrieben. Einerseits von Texten antiker Denker wie Euklid, Galen, Hippokrates und Aristoteles. Andererseits auch von Schriften arabischer Philosophen, wie etwa des Kanons der Medizin von Avicenna. Bekannt ist auch der Name des Mauren, mit dem Gerhard gemeinsam übersetzt: Ghalip oder Galippus.

Eine zweite Blüte erlebt die »Übersetzerschule von Toledo« gut hundert Jahre später unter König Alfons X., christlicher Herrscher von 1252 bis 1284. Von seinem Vater, Ferdinand III., hat er ein Riesenreich übernommen, das fast das gesamte heutige Spanien umfasst. Nur das Königreich Granada ist noch in maurischer Hand. Alfons schreibt Gedichte und Lieder, verfasst wissenschaftliche Werke und dokumentiert seine Vorstellung vom Regieren in einer Gesetzessammlung. El Sabio, der Gelehrte, so wird er genannt.

Das Wissen ist für ihn nicht bloß Schmuck und Zierde, sondern auch Handwerkszeug, um konkrete Probleme zu lösen. Alfons X. ist daran gelegen, dass der Zugang zu praktisch verwendbaren Erkenntnissen leichter wird, dass nicht nur Lateinkenner sie nutzen können. Er verlangt, die Weisheit der Welt direkt aus dem Arabischen ins Kastilische zu übertragen. Dafür müssen die kundigen Übersetzerteams die vorhandene Umgangssprache, das Straßenlatein, zur gepflegten Schrift- und Hochsprache Kastilisch – dem heutigen Spanisch – weiter entwickeln. Der König beteiligt sich teilweise selbst an diesem Prozess.

Denn er hat ein weiteres Ziel: Alfons X. will aus den lange eigenständigen Kleinstaaten von Galizien und Asturien über León bis Sevilla und Valencia das eine Reich Kastilien formen. Neue Verwaltungsstrukturen reichen nicht aus, um die heterogene Gesellschaft zusammen zu halten: Eine neue gemeinsame Sprache soll der Kitt sein, der alle verbindet. Das Arabische hat diese Funktion verloren, seit die Christen wieder an der Macht sind. Das Lateinische dient zwar als Kirchen- und Gelehrtensprache, taugt aber nicht für lebenspraktische und weltliche Dinge. Da kommt das neue Spanisch gerade recht. Dass diese Sprache bis heute über eine Vielzahl von Arabismen verfügt, versteht sich angesichts der Geschichte fast von selbst.

8 Toledo & Co.:

Porträts von gelehrten Gestaltern

Fast 800 Jahre hatten die Mauren politische Macht auf der Iberischen Halbinsel, von 710 bis 1492, als auch Granada an die Christen fiel. Die gemeinsame Kultur, die Muslime, Juden und Christen im Laufe der Jahrhunderte entwickelt hatten, obsiegte oft über brachiale Kreuzzugsmentalität. Das maurische Spanien war ein geistiges Zentrum, das Gelehrte aus Ost und West anzog. Politisch ruhig blieb es in der Region selten. Wenn sich also wieder einmal die örtlichen Herrschaftsverhältnisse änderten, wenn die Dogmatiker den Ton angaben und Querdenker unerwünscht waren, dann suchten sich die klugen Köpfe aus Sevilla, Granada oder Córdoba anderswo einen Auftraggeber und Gönner mit intellektuellen Ambitionen, ob in Nordafrika oder Sizilien. Das förderte den wissenschaftlichen Austausch und den Fluss der Ideen.

Seine Welt steht kopf:
Abu Abd Allah Muhammad ibn Muhammad ibn Abd Allah ibn Idris al-Idrisi (1100-1166)

Mehr als 300 Jahre lang kopieren Geografen und Reisende in aller Welt seine Landkarten, ohne sie zu verändern. So exakt geben die Zeichnungen die Erdteile, Meere und Flüsse wider. Mit einem – aus unserer heutigen Sicht – kleinen Schönheitsfehler: Bei al-Idrisi steht die Welt kopf; der Norden ist unten, der Süden oben. Doch das entspricht der wissenschaftlichen Praxis im 12. Jahrhundert.

Der arabische Kartograf al-Idrisi wurde im nordafrikanischen Ceuta geboren und in Córdoba ausgebildet. Auf ausgedehnten Reisen sammelte er weiteres geografisches Wissen. Der Normannenkönig Roger II. lud ihn an seinen Hof in Palermo ein und beauftragte ihn mit einem neuen Weltatlas. Sizilien war zu der Zeit – neben Spanien – eine wichtige Schnittstelle zwischen der griechischen, lateinischen und arabischen Kultur. Palermo war ein Zentrum für den Austausch von Muslimen und Christen und maß sich darin mit Córdoba und Toledo.

Al-Idrisi fertigt am Hof nicht nur die gewünschte kreisförmige Reliefkarte der Welt aus Silber, die später verloren geht. Er fasst seine geografischen Kenntnisse im sog. »Roger-Buch« zusammen, eine Widmung an seinen Auftraggeber. Die Erde wird dort als Kugel mit einem Umfang von 37 000 Kilometern beschrieben. Das Werk enthält viele Detailkarten sowie exakte Angaben zur christlichen und muslimischen Welt, zu Afrika und dem Fernen Osten. Al-Idrisi packt nicht nur geografische Informationen in sein Buch, sondern auch alles, was er über die politische, wirtschaftliche und soziale Lage der Länder in Erfahrung bringen konnte – etwa von normannischen Seefahrern. Kein Wunder, dass dieses Kompendium später auf Latein und auf Französisch übersetzt wird und Generationen von Reisenden inspiriert. Erst im 15. und 16. Jahrhundert erweitert sich der Blick auf die Erde: Als etwa der Seefahrer Christoph Kolumbus bis Amerika gelangt und Fernando Magellan erstmals die Welt umsegelt.

Schöpfer des arabischen Robinson: Muhammad Ibn-Abd-al-Malik Ibn Tufail (1110-1185)

Von seinem Leben sind nur einige dürre Fakten bekannt: Ibn Tufail wurde in al-Àndalus geboren, in Guadix bei Granada. Lange Zeit wirkte er als Astronom, Mathematiker, Arzt und Philosoph am Hof der Almohaden im marokkanischen Marrakesch. Dort förderte er Ibn Rushd (s. u.). Ibn Tufail schrieb über Medizin; er verfasste Gedichte; doch bekannt wurde er durch sein Werk »Hayy ibn Yaqzan. Der Lebende, Sohn des Erwachten«.

Es ist ein früher philosophischer Bildungsroman, die Geschichte des Hayy, der ohne menschlichen Kontakt auf einer einsamen Insel aufwächst und sich im Laufe seines Lebens selbst Gott und die Welt erklärt – allein durchs Beobachten, Experimentieren, Nachdenken und meditative Versenken. Der islamische Robinson Crusoe auf Arabisch.

Interessant an Ibn Tufails Werk ist: Er will ein breiteres Publikum erreichen, weit über den Kreis der philosophischen Fachkollegen hinaus. Deshalb packt er seine inhaltlichen Botschaften in eine spannende Erzählung und verspricht dem Lesenden am Ende »orientalische Weisheit«. Er möchte Brücken bauen, die Kluft zwischen Rationalisten, Traditionalisten und Sufisten überwinden. Er versucht eine Synthese aus der Weltsicht eines Ibn Sina und eines al-Ghazali, kombiniert »mit den Meinungen, die zu unserer Zeit aufkamen«, wie er schreibt. Die »Methode der Forschung und der theoretischen Betrachtung« ergänzt er um die mystische »Schau«. Ibn Tufail erzählt auch deshalb eine Geschichte, ein Gleichnis, weil für ihn feststeht, dass anders letzte Wahrheiten sprachlich nicht zu bewältigen sind.

Das ist die Geschichte des Hayy: Auf einer Insel im Indischen Ozean wächst das Kind heran, allein von einer Gazelle umsorgt. Es eignet sich Schritt für Schritt alle Kenntnisse an, die zu einem eigenständigen Leben nötig sind. Hayy fertigt Werkzeuge und Kleidung; er zähmt das Feuer und wilde Tiere. Als die Gazelle stirbt, öffnet er ihren Leib, um die Ursache für den Tod zu finden – und möglicherweise zu beheben. Er identifiziert das Herz als das Zentrum des Lebens. Im folgenden Lebensabschnitt beobachtet er Tier- und Pflanzenwelt noch genauer, unternimmt Experimente und macht Analogieschlüsse. Bald steht für Hayy fest: Alles muss eine Ursache haben. Er untersucht die Gesetze der Sterne und ihrer Bewegungen und urteilt, dass das All – so wie alle Körper – endlich ist.

Im weiteren Nachdenken erhebt sich für ihn die Frage: Ist das Universum urewig oder doch zu einem bestimmten Zeitpunkt geschaffen? Hayy kann sich nicht entscheiden, kommt aber zu dem Schluss, dass es in beiden Fällen einen Urheber – Gott – geben muss. Schließlich, so folgert er, muss er diesem Gott ähnlich sein – sonst hätte er ihn nicht erkennen können. Nun versucht er, die Nähe durch Meditation und mystische Versenkung zu vergrößern.

Plötzlich verändert sich alles: Ein Mensch kommt auf die Insel. Von ihm lernt Hayy sprechen. Er berichtet von seinen Erkenntnissen und erfährt, dass die Menschen auf der Nachbarinsel einer Offenbarungsreligion folgen. Sein Besucher selbst tut dies in der Form von Zurückgezogenheit und Askese. Das entspricht ziemlich gut Hayys eigenem Weg. Die meisten anderen Menschen jedoch, so erfährt er, folgen streng und wörtlich den überlieferten Vorgaben.

Hayy wundert sich: Warum muss es eine Almosensteuer geben sowie Strafen bei Wucher? »Kein einziger besäße Privatvermögen«, so mutmaßt er, wären die Menschen nur »zu einem wahren Verständnis der Sache gelangt«. Dafür will er sorgen. Doch sein Bekehrungsversuch auf der anderen Insel misslingt. Denn den meisten Menschen fehlte, so kommentiert nun der Autor der Geschichte, Ibn Tufail, »ein durchdringendes Denkvermögen« und »eine standhafte Seele«. Und er schließt: Hayy »hatte keine Ahnung, wie groß ihre Dummheit, ihre Unvollkommenheit, ihre Unüberlegtheit und ihr Wankelmut waren.«

Ob Ibn Tufail wirklich viele Menschen seiner Zeit mit diesem Gleichnis erreichte, wissen wir nicht. Groß kommt sein Werk in der europäischen Aufklärung des 18. Jahrhunderts heraus. Die damals gängige Lesart lautet: Der »Philosophus Autodidactus« – so der lateinische Titel – zeige, was durch den Gebrauch der Vernunft alles möglich ist: Ein praktisches Verständnis der Welt, das Erkennen philosophischer Wahrheiten, deren symbolische Umformung in der Religion. Auch Roman-Autoren ließen sich von Ibn Tufails Werk inspirieren. Ob das auch bei Daniel Defoe und seinem Robinson Crusoe so war – darüber streitet die Wissenschaft noch.

Der führende Aristoteles-Kommentator: Abu al-Walid Muhammad ibn Ahmed ibn Muhammad ibn Rushd, lat. Averroes (1126-1198)

Dante Alighieri würdigt den muslimischen Gelehrten im vierten Gesang der Göttlichen Komödie auf eine raffinierte Art und Weise. Er erwähnt ganz schlicht »den Kommentator, den Averroes«. Und lässt ungesagt, dass er den großen Kommentator des gesamten Werks von Aristoteles meint. Warum sollte Dante das auch betonen? Bei seinen mit Kunst und Wissenschaft vertrauten Zeitgenossen kann der Dichter Anfang des 14. Jahrhunderts voraussetzen, dass sie wissen, auf welche Geistesgröße er anspielt. So bekannt und wirkmächtig ist Averroes damals im Westen, in Florenz.

Aber was heißt hier schon Westen? Geboren ist der Naturwissenschaftler, Arzt und Philospoh noch westlicher – in Córdoba auf der Iberischen Halbinsel, als Sohn einer Familie islamischer Rechtsgelehrter. Zu Averroes' Zeit ist Córdoba noch unter muslimischer Herrschaft, doch der Höhepunkt politischer Macht und kultureller Blüte als Hauptstadt von al-Ándalus ist schon hundert Jahre vorbei. Ibn Rushd bekommt auf seinem Lebensweg zwischen Córdoba, Sevilla und Marrakesch selbst den Wechsel zwischen liberalen und orthodoxen Strömungen zu spüren.

Den Auftrag zum umfassenden Aristoteles-Kommentar hat er vom marrokanischen Hof erhalten. Ibn Rushd ist unmissverständlich konsequent: Philosophisches Denken führt zum Erkennen der Wahrheit, wenn man den Gesetzen der Logik folgt, sagt er. Wahr ist aber auch die von der Religion überlieferte göttliche Offenbarung. Einen Widerspruch kann es nicht geben, wenn beides wahr ist. Sollte dennoch im Koran die eine oder andere Stelle missverständlich sein, dann bedarf sie der symbolischen Deutung, ganz einfach.

Für Ibn Rushd steht fest: Die orthodoxe islamische Lehre, wie sie im Koran zum Ausdruck kommt, fordert geradezu, Vernunft und Verstand zu gebrauchen. Wer daher das rationale Denken der alten Griechen als unislamisch ablehnt, ist selbst ein Ketzer. Mit diesem Gedankengebäude wird Ibn Rushd zum scharfen Kritiker al-Ghazalis (vgl. Kap. 5). Der war zu dem Schluss gekommen, die von Aristoteles & Co. postulierte Rationalität könne von der rechten islamischen Lehre ablenken. Nein, sagt Ibn Rushd: Erkennen und Glauben schließen sich eindeutig nicht aus.

Schwierig für eine Offenbarungsreligion – ob Christentum oder Islam – war die Auffassung der alten Griechen von der Ewigkeit der Welt. Das, so hieß es, widersprach doch der Lehre von Gott dem Schöpfer! Averroes argumentiert anders: In der ewigen Materie stecke bereits die Möglichkeit der einen oder anderen Form, die sich dann im Laufe der

Entwicklung so oder so verwirkliche. Er unterstützt Aristoteles' Idee von Gott als unbewegtem Beweger. Die Position hat Folgen: In seiner eigenen muslimischen Kultur bleibt Ibn Rushd ein einsamer Mahner und ohne entschiedenen Nachfolger. Die lateinische Version seines »Kommentars« dagegen stößt im 13. und 14. Jahrhundert im christlichen Europa auf viel Resonanz. Das Gedankengut Aristoteles', so wie Averroes es vermittelt, zeigt insbesondere an der Universität von Paris große Wirkung. Bis die Bischofssynode alle Schriften verbietet, die mit der aristotelischen Naturphilosophie und Metaphysik zu tun haben (s. Kap. 2).

Konfliktforscher und Wirtschaftswissenschaftler: Abd al-Rahman ibn Muhammad ibn Khaldun (1332-1406)

Rund um seinen 600. Todestag wurden zu Ibn Khalduns Ehren Ausstellungen und Symposien in Granada, Sevilla, Tunis, Kairo und Algier veranstaltet. Die fünf Orte in Nordafrika und Spanien stecken ziemlich genau den Wirkungskreis des Gelehrten und Diplomaten zu seinen Lebzeiten ab.

Geboren wurde er in Tunis, als Sproß einer islamischen Familie, die ursprünglich aus Sevilla stammte. Als dort im 13. Jahrhundert die Christen die maurische Herrschaft beendet hatten, war der Clan geflohen. Gehen oder standhalten – das wird bald Ibn Khalduns eigenes Leben bestimmen. Er arbeitet an den Höfen in Tunis, Fez und Kairo, solange dort ihm wohlgesonnene Regenten das Sagen haben. Dazwischen sind Zeiten des Exils und des freiwilligen

Rückzugs, unter anderem in Sevilla und Granada. Mit wachem Sinn beobachtet er aus unmittelbarer Nähe das Auf und Ab von Macht und Herrschaft. Und entwickelt eine Gesellschaftstheorie.

Die sog. »Muqaddima« ist rein formal nur das Vorwort seiner großen Universalgeschichte, hat es aber in sich. Ibn Khaldun untersucht: Was prägt eine Gesellschaft? Was hält sie zusammen? Er beschreibt den Einfluss von Politik, Wirtschaft, Religion, Staatsideologie und Ethik. Für ihn steht fest: Geschichte ist etwas Lebendiges, ständig im Werden und Vergehen, und es ist der Mensch, der die Gesetze des Handelns und Veränderns in der Hand hat. Ibn Khaldun erkennt, wie stark Konflikte den sozialen Wandel beeinflussen. Dabei kann es sich um die Reibungsflächen zwischen Staat und Religion handeln. Oder um den Gegensatz von Stadt und Land, von Sesshaften und Nomaden.

Was ist der soziale Kitt, der ein Gemeinwesen zusammen hält, fragt der frühe Soziologe? Was gefährdet das Miteinander? Der Mensch ist auf Gemeinschaft und soziale Bindungen angewiesen, stellt Ibn Khaldun fest. Je stärker der Zusammenhalt, desto höher ist die Stufe der Zivilisation, die eine Gesellschaft erreichen kann. Problematisch dagegen ist reine Gruppensolidarität, die andere ausschließt. Hier liegt der Keim des Scheiterns, analysiert Ibn Khaldun. Er hat ein prominentes Beispiel vor Augen: Das Kalifat von Córdoba zerfiel, weil den Berber- und Araberstämmen die Macht der eigenen Gruppe wichtiger war als die Einheit in der Gemeinschaft der Muslime. Eine weitere Gefahr erkennt Ibn Khaldun im Prozess der Verstädterung: Wenn die Gesellschaft immer komplexer wird, lassen die natürlichen Bindungen nach; der Zusammenhalt untereinander wird schwächer.

Viele halten den Gelehrten inzwischen für den »Vater der Wirtschaftswissenschaften«. Ibn Khaldun erkennt, dass der Mensch sofort neue ökonomische Bedürfnisse entwickelt, sobald die ersten gestillt sind. Er beobachtet, wie Angebot und Nachfrage, Konsum und Produktion zusammen hängen und wie Spezialisierung und Arbeitsteilung entstehen. Dem Markt spricht er eine Schlüsselrolle in der Wirtschaft zu. Die lässt sich aber auch steuern – etwa durch öffentliche Ausgaben. Sehr zeitgemäß klingt in unseren Ohren seine Forderung an den Staat, nicht zu viel Steuern zu erheben.

Selbst die UNO hat Ibn Khaldun zum 600. Todestag mit einer Ausstellung gewürdigt, zur Jahreswende 2006/2007 in New York unter dem Titel »Begegnung der Kulturen«. Soviel Aufmerksamkeit für sein Werk hätte sich der arabische Universalgelehrte wohl schon zu Lebzeiten gewünscht.

9 Wie die Forschung arbeitet III:

Frühe Spuren von Frauen in Kultur und Wissenschaft

Amra lebt im 8. Jahrhundert in Medina und ist Rechtsgelehrte. Ihr Urteil hat bei Handelsstreitigkeiten ebenso Gewicht wie in Strafsachen. Das islamische Recht entwickelt sich gerade erst – umso einflussreicher ist sie als anerkannte Autorität. Oft setzt sich Amra gegen die tonangebenden Männer durch. Ihren juristischen Sachverstand gibt sie an einen großen Kreis von Schülern weiter.

*

Lubna ist Mathematikerin. Und Sklavin. Sie lebt am Hof des Kalifen Al Hakam II. in Córdoba, Mitte des 10. Jahrhunderts. Lubna arbeitet mit einer anderen Sklavin zusammen, deren Name nicht überliefert ist. Wir wissen jedoch, dass sie Expertin für Astronomie und Astrologie war, eine damals gängige Kombination. Um dieses Spezialwissen zu erwerben, war sie drei Jahre lang außerhalb des Palasts ausgebildet worden. Wo genau, verraten die Quellen nicht.

*

Amat, Aisha und Fátima leben im 11. Jahrhundert. Alle drei kommen aus wohlhabenden Familien und heiraten nicht. Amat entscheidet sich aus religiösen Gründen gegen die Ehe und führt ein frommes, asketisches Leben. Aisha widmet sich ganz dem Studium und baut eine umfangreiche Bibliothek auf. Außerdem mischt sie in den politisch einflussreichen Kreisen Córdobas mit. Fátima unterhält eine Art Schreibbüro, in der wichtige Dokumente sprachlichen Schliff bekommen und nach allen Regeln der kalligraphischen Kunst gestaltet werden. Die Ausbildung für dieses einträgliche und hoch angesehene Gewerbe hat sie von ihrem Vater erhalten.

*

Frauenleben im Mittelalter, in arabisch-islamisch geprägten Gesellschaften. Einflussreiche Frauen ihrer Zeit, die eigene Spuren in Kultur und Wissenschaft hinterlassen. Woher kennen wir ihre Namen und Erfolge? Wie waren diese möglich in streng patriarchalisch und hierarchisch organisierten Gemeinwesen?

Biografische Nachschlagewerke sind eine wichtige Fundgrube für Forscher und Forscherinnen, die das Frauenleben von Bagdad über Medina und Kairo bis Córdoba und Toledo studieren. Orientalistinnen, Arabisten, Kulturhistorikerinnen oder Mittelalterforscher werten außerdem überlieferte Chroniken und Gesetzessammlungen aus, Gerichtsakten, Eheverträge und notarielle Urkunden, religiöse

Abhandlungen, Korrespondenzen und Reiseberichte. Die wenigsten dieser Quellen sind bislang systematisch auf geschlechterrelevante Fundstücke untersucht worden. Doch Anfänge sind gemacht. Von Sultaninnen und heimlichen Herrscherinnen wissen wir auf diese Weise, von hochverehrten Künstlerinnen und freigebigen Mäzeninnen. Wissenschaftlerinnen dagegen wurden erst wenige entdeckt.

Forschungsergebnisse, Beispiel 1. Ruth Roded ist eine auf den Mittleren Osten spezialisierte Sozial- und Kulturhistorikerin an der Hebrew University of Jerusalem. Sie hat biografische Nachschlagewerke aus islamischen Gesellschaften vom 9. Jahrhundert bis in unsere Zeit auf die Präsenz von Frauen untersucht. Eines ihrer erstaunlichen Ergebnisse: In den ersten Jahrhunderten der arabisch-islamischen Expansion waren Frauen viel häufiger in den Sammlungen vertreten als später. Das 16. Jahrhundert – es ist die Hochphase der Herrschaft des Osmanischen Reichs über die arabische Welt – markiert eine Grenze. Seit damals ist das veröffentlichte Interesse für auffällige Lebenswege von Frauen nur noch gering. »Tatsächlich enthält die moderne Ausgabe von Who is who? für den Mittleren Osten weniger prominente Frauen als es in den klassischen biografischen Nachschlagewerken der Fall war«, stellt die Forscherin fest.

Die Rechtsgelehrte Amra aus dem Medina des 8. Jahrhunderts ist – was ihre Autorität und ihren Einfluss angeht – ein seltener Fall. Doch ihr Zugang zu Wissen und Bildung war durchaus nicht untypisch für die Frauen der höfischen Aristokratie und aus wohlhabenden Kreisen in der arabischen Welt des Mittelmeers. Sie befassten sich mit

»religiösen Wissenschaften«, mit dem Studium des Korans und seiner Exegese, mit den Quellen des islamischen Rechts und seiner Anwendung, mit der arabischen Sprache in Wort und Schrift.

Andere Disziplinen – wie Arithmetik und Geometrie oder Astronomie und Astrologie – waren dagegen weitgehend Männersache. Manchmal jedoch erhielten auch kluge Sklavinnen Unterricht in solchen Fächern. Wie Lubna und ihre Kollegin in al-Ándalus, dem maurischen Spanien. Sie blieben die Ausnahme. Denn die »Vorzeigesklavinnen« des Hofes sollten vor allem in Poesie, Rhetorik und Musik, Kalligrafie und Tanz bewandert sein.

Forschungsergebnisse, Beispiele 2 und 3. Zwei Madrider Wissenschaftlerinnen, die Arabistin Manuela Marín, die am nationalen Forschungszentrum CSIC arbeitete und die Mediävistin Marie Jesús Fuente von der Universidad Carlos III haben viele Quellen akribisch auf Spuren des Frauenlebens in al-Ándalus durchsucht. Häufig mussten sie bereits ausgewertete Dokumente neu erschließen, um Informationen und Ansichten zu finden, die ein differenziertes Bild ermöglichen. Entscheidend ist, versteckten und subtilen Hinweisen nachzugehen, sagen sie. Die Mediävistin María Jesús Fuente beschreibt das so: »Wir dürfen an das Material, das wir auswerten, nie mit einer zu eingeschränkten Fragestellung herangehen. Denn wenn man nur etwas ganz Bestimmtes sucht, ist man verloren.« So vielfältig die schriftlichen Zeugnisse sind – sie decken längst nicht alles ab. Die Arabistin Manuela Marín benennt die Lücken: »Wir kennen Namen und Geschichten von Frauen aus den gehobenen Schichten der Gesellschaft. Aber von der Frau auf dem Land wissen wir praktisch nichts. Allerdings wissen wir auch kaum etwas über das Leben ihrer Männer, der Bauern und Landarbeiter. Weil das ländliche Leben die Geschichtsschreiber nicht interessierte.«

Und noch etwas gilt – von Bagdad und Damaskus bis Granada und Toledo: »Die Frauen dieser Zeit sprechen nicht für sich selbst. In der Regel beziehen wir unser Wissen aus Texten, die Männer geschrieben haben. Aber das war in allen Kulturen vor der industriellen Revolution so«, berichtet Manuela Marín. Manuskripte weiblicher Gelehrter sind nicht überliefert. Nur einige wenige eigene Werke von Dichterinnen sind bekannt.

10 Wissen im Praxistest I:

Papier, der Stoff, auf dem die Träume sind

Sollte die Geschichte nicht wahr sein, ist sie gut erfunden: Im Jahr 751 n. Chr. kämpfen in Mittelasien ein chinesisches und ein arabisches Heer um Landgewinn. Die arabische Seite gewinnt eine entscheidende Schlacht und macht Kriegsgefangene. In der Stadt Samarkand geben sich zwei chinesische Männer als »Papiermacher« zu erkennen, um möglicherweise so ihr Leben zu retten. Ein Glücksfall ist diese unverhoffte Beute für die Sieger, eine Sensation!

Rund 650 Jahre lang war es den Chinesen gelungen, das Geheimnis zu schützen, wie man aus Pflanzen und Lumpenresten Papier schöpft. Bereits in einer Schrift von 105 n. Chr. war die Herstellung genau beschrieben worden: Erst stampft man Hanffasern und Maulbeerbast, Reste von alten Fischernetzen und Hadern in einem Steinmörser und vermengt sie mit Wasser zu einem Brei. Der wird in ein Sieb geschöpft, gepresst und getrocknet. Schließlich lässt sich das gewonnene Papier mit einem Stein glätten.

Nun also, mit den Kriegsgefangenen von Samarkand, ist diese Kunst in der arabischen Welt angekommen. Und sie verbreitet sich rasch. Nach und nach entstehen überall im islamischen Reich Papiermanufakturen. Denn dieser neue Beschreib-Stoff hat viele Vorteile gegenüber dem ägyptischen Papyrus und dem Pergament aus gegerbten Tierhäuten: Er ist billiger herzustellen, lässt sich leichter und schneller beschreiben und ist handlicher im Transport. Vor allem kommt das neue Material genau zur richtigen Zeit. Denn in Bagdad regieren erst Kalif Harun al-Rashid (763-809) und danach sein Sohn al-Ma'mun (786-833). Sie fördern Gelehrsamkeit und Wissenschaft, lassen Handschriften aus der damals bekannten Welt sammeln, übersetzen und kommentieren. Der »Wissensdurst« wird als eine von Prophet Muhammad geforderte Tugend verstanden. Das sog. »Haus der Weisheit« entsteht, ein dichtes Netzwerk von Gelehrten, Übersetzern und Kopisten, die am Hof, in Bibliotheken, Schreib- und Übersetzer-Stuben arbeiten.

Es verwundert nicht, dass in Bagdad bereits seit 794 n. Chr. eine Papiermühle existiert. Neue technische Ideen sind gefragt, um die chinesische Produktionsweise den eigenen Bedingungen anzupassen. Die Araber experimentieren mit Fasern vom Flachs und mit textilen Abfällen. Sie entwickeln Stampfwerke für die Zerkleinerung des Materials, die leistungsfähiger sind als die in China gebräuchlichen Mörser. Außerdem behandeln sie die Papierbögen auf beiden Seiten mit Stärke: So lässt sich darauf noch flüssiger schreiben.

Bald sind Bücher und Handschriften im arabischen Reich so verbreitet, dass Forscher sich eine eigene Hausbibliothek leisten können, oft weit weg von Bagdad und anderen Zentren der Gelehrsamkeit. Berichtet wird von »Papierhändlern«, die gebrauchte Bücher weiter verkaufen. Üblich ist, sich ein begehrtes Werk auszuleihen, um es abschreiben zu lassen. Dieser Boom hat auch seine Schattenseiten: Es entstehen – von unkundigen Kopisten fehlerhaft und schlecht gemachte – Handschriften, die heutige Wissenschaftler oft zur Verzweiflung bringen. Was ist verfälscht? Was ist echt? Manchmal werden bekannten und verehrten Forschern auch einfach Werke zugeschrieben, weil sich mit deren Manuskripten gutes Geld verdienen lässt.

Seit 711 n. Chr. gehört auch die Iberische Halbinsel zum arabisch-islamischen Machtbereich. Wie viele andere kulturelle Errungenschaften breitet sich auch die Kunst des Papierschöpfens über Bagdad, Damaskus und Kairo bis Marokko und schließlich aufs europäische Festland nach al-Àndalus aus. Vermutlich nimmt dort in Córdoba die erste Papiermühle Mitte des 10. Jahrhunderts die Arbeit auf. Córdoba ist zu der Zeit politisches und kulturelles Zentrum von al-Àndalus, allein die Bibliothek am Hof umfasst rund 400.000 Bücher.

Nachgewiesen ist das frühe Papierschöpfen im Ort Xátiva nahe Valencia. Aus dem Jahr 1154 gibt es eine Beschreibung des Herstellungsprozesses: Lumpensammler sorgen für Kleidungsreste, Hadern und Fetzen aus Leinen und Hanf. Die Textilien werden zertrennt, in Wasser zu einem Faserbrei aufgelöst und mit Hilfe eines Schöpfsiebs zu einem neuen Stoff – dem Papier – verbunden. Dies ist die traditionelle Art, »arabisches Papier« zu produzieren. Allerdings verfügt das Papier aus Xátiva bereits über eine feinere Struktur, weil hydraulische Methoden das Zerfasern von Hand abgelöst haben. Überliefert ist die Beschreibung des arabischen Geografen al-Idrisi von 1154: »Xátiva ist ein schöner Ort mit Burgen. Man stellt ein Papier her, wie man es so gut sonst nirgendwo auf der Welt findet. Es wird nach Ost und West verkauft.«

Dieses Papier nach hispano-arabischer Art wird seit 1230 auch in Italien erzeugt. Für das Jahr 1390 ist die erste Papiermanufaktur in Deutschland nachgewiesen: die Gleismühle bei Nürnberg. Inzwischen jedoch hat sich der Herstellungsprozess gewandelt. Denn die arabische Produktionsweise führt zwar in trockenen und heißen Landstrichen zu guten Ergebnissen, nicht jedoch in kühlen und feuchten Gegenden. Hier gilt es, einen Gärungsprozess zu unterbinden.

Es sind die Papiermacher im italienischen Fabriano bei Ancona, die ab 1283 zu den Pionieren des »europäischen« Papiers werden. Sie schaffen es, die Fasern des Ausgangsmaterials noch feiner zu zerstückeln. Sie verkleben den Brei mit Gelatine. Und sie führen Wasserzeichen ein, die es uns bis heute erlauben, die Herkunft eines Papierbogens exakt zurück zu verfolgen.

Schnell verbreitet sich dieses Können weit über Italien hinaus. Zwar geht der Gebrauch von Pergament nicht sofort und überall zurück. Bei regierungsamtlichen Schreiben verlässt man sich oft nicht auf die tatsächliche Haltbarkeit des Papiers und bleibt bei den vertrauten Tierhäuten. Andererseits: Als auf der Iberischen Halbinsel die arabisch-islamischen Herrscher den Rückzug antreten müssen, verbannen die nun christlichen Machthaber zwar so manche Tradition und Lebensform der Maurenzeit. Auf das lukrative Geschäft, das die Papiermühlen abwerfen, verzichtet jedoch kein katholischer Regent von Sevilla bis Toledo.

Auch in Europa kurbelt der Schreibstoff Papier die Kopistentätigkeit an. Bald stehen nicht mehr genug Hadern und Lumpen als Ausgangsmaterial zur Verfügung. Ein neuer geeigneter Stoff muss her. Im 17. Jahrhundert experimentiert man mit Fasern von Baumwolle, Kartoffeln, Hopfen, Pappel, Weide usw. Überliefert ist beispielsweise aus dem Jahr 1765 ein sechsbändiges Werk von Jacob Christian Schäffer aus Regensburg. Titel: »Versuche und Muster ohne alle Lumpen oder doch mit einem geringen Zusatze derselben Papier zu machen«. Einige Jahre später wird auch Altpapier in den Brei gemischt. Ab 1840 gibt es Anläufe verschiedener Forscher in Deutschland, Papier aus Holzfasern herzustellen, bzw. Lumpen und Holz zu mischen. Auf einen solchen Stoff wird beispielsweise 1845 das »Intelligenz- und Wochenblatt für Frankenberg und Umgebung« gedruckt.

Apropos Druck: Der Schreibstoff Papier vereinfacht nicht nur die Arbeit der Kopisten. Zugleich nehmen die Versuche zu, das Schreiben zu mechanisieren. Es ist der Mainzer Johannes Gutenberg, dem mit Hilfe beweglicher Lettern ab 1450 der Durchbruch gelingt. Eine neue Epoche der Buchproduktion und der Wissensvermittlung beginnt – zumindest in Europa. Denn erstaunlicherweise setzt sich der Buchdruck in der arabischen Welt erst viel später durch.

Erst im 18. Jahrhundert soll in Istanbul die erste Druckerpresse im islamischen Raum aufgestellt worden sein. Das erste produzierte Werk: ein arabisch-türkisches Wörterbuch.

Wie ist diese Verzögerung von rund 300 Jahren zu erklären? Als Gründe werden die komplizierten arabischen Buchstaben genannt, die sich nicht so leicht in bewegliche Lettern umsetzen ließen. Außerdem verweisen Kenner auf die hohe Achtung, die im arabischen Raum die Kalligrafie, die kunstvolle Handschrift, genoss: Warum sollte man sie ablösen? Die Argumentation klingt plausibel – und vorgeschoben zugleich. Der lange Verzicht der arabisch-islamischen Welt auf die neue Form der Buchherstellung, auf den Buchdruck, ist auf jeden Fall auch ein Ausdruck des kulturellen Beharrens auf Bewährtem. Im 15. Jahrhundert ist die einstige Triebkraft dieser Zivilisation erschöpft, sich immer allem Neuen zu öffnen, das Passende zu übernehmen und so über sich selbst hinaus zu wachsen. Ab jetzt geht in wissenschaftlichen, wirtschaftlichen und kulturellen Fragen die Dynamik von Europa aus.

11 Wissen im Praxistest II:

Qanate, eine geniale Methode der Bewässerung

Maulwurfshügel. Streng in Reih und Glied angeordnete, große Maulwurfshügel ziehen sich vom Hochland in die Ebene. Eine schier unendlich lange Kette. Wie mit dem Lineal gezogen. Viele kleine Vulkankegel, an einer Zündschnur aufgereiht, könnten es auch sein. Oder ein Schnittmusterbogen für Riesen, mit Linien aus gleichförmigen Punkten.

Was die Luftaufnahme zeigt, sind Qanate, altpersische Bewässerungsanlagen. Bis heute durchziehen Hunderte das Land, von den Gebirgen in die Wüsten des Iran. Wer auf der Autobahn von Ghom nach Isfahan und weiter nach Yazd unterwegs ist, begegnet immer wieder diesen typischen gleichmäßigen Erdauswürfen entlang des Straßenzugs. Ein Qanat ist – auf arabisch – ein unterirdischer Kanal. Und in dem wird seit alters her Sicker- und Grundwasser in die Trockengebiete geführt, um dort Ansiedlungen und Anbau möglich zu machen.

Die »Maulwurfshügel« entstanden, als Schächte und Stollen für die Wasserführung ausgehoben und das Erdmaterial daneben deponiert wurden. Nachgewiesen ist, dass schon zu Beginn des ersten Jahrtausends vor Christus unterirdische Wasserrinnen zur künstlichen Bewässerung im iranisch-armenischen Hochland gegraben wurden. Es ist eine Gegend, die über wenig Oberflächenwasser verfügt. Wer den fruchtbaren Boden zum Blühen bringen will, muss für Wasserzufuhr sorgen. Forscher gehen davon aus, dass Persien unter den Achämenidenkönigen (550 bis 330 v. Chr.) nur dank des Qanate-Systems eine erste Hochkultur entwickeln konnte. »Adern der Wüste« wurden die Qanate bisweilen genannt.

Die Methode nützt die Besonderheiten der iranischen Geografie: Auf die höheren Gebirgsketten fällt im Winter Schnee, der bis in das Frühjahr, bisweilen sogar bis Mai oder Juni liegen bleibt. Das Schmelzwasser fließt nur selten an der Oberfläche ab. Vielmehr versickert es und speist das Grundwasser. Zwischen den Bergregionen und den wüstenartigen Flächen des Landes besteht ein leichtes, stetiges Gefälle. Sicker- und Grundwasser wird in künstliche Stollen geleitet. Es fließt dann ohne Anwendung menschlicher oder tierischer Kraft, ohne Schöpfräder, Winden oder Hebel vom Fuß der Berge in eine Oase, in ein Dorf, auf ein Feld. Das ganze Jahr. Ein weiterer Vorteil dieses Systems: So heiß oben die Sonne auch brennen mag, das Qanatwasser verdunstet nicht auf seinem Weg zum Bestimmungsort.

Qanate sind manchmal lediglich mehrere hundert Meter lang. Im Iran spricht man allerdings von einer durchschnittlichen Länge von 4,2 Kilometern. Ein Qanat soll sogar 72 Kilometer weit das Wasser transportiert haben. Es existiert die Handschrift eines persischen Mathematikers aus dem 10. Jahrhundert, in der er die Technik sowie alle Messinstrumente beschreibt, die für den Schacht- und Stollenbau eines Qanatesystems notwendig sind. Eine eigene Berufsgruppe für Bau, regelmäßige Wartung und Instandhaltung des Systems entsteht. Eine qualifizierte, aber auch gefährliche Arbeit ist zu verrichten: Stollen und Schächte sind gerade groß genug, dass ein Mensch hinein passt. Viele kommen um, weil während des Grabens oder Reparierens plötzlich das Gestein nachgibt oder Wasser eindringt.

Der Qanatebau machte Schule, erst im Osten des persischen Großreichs, in Afghanistan, Pakistan und China. Früh verbreiteten die Römer diese Technik als eine ihrer Bewässerungsmethoden in den Regionen nördlich des Mittelmeers – von Syrien bis Gallien. Mit der islamischen Eroberung fand die Form künstlicher Wasserzufuhr später auch Verwendung in Arabien, in der Saraha und im Maghreb. Selbst in Sizilien wurde die Technik bekannt. Je nach Gegend setzten sich für die Bewässerungsform andere Namen durch, in einigen Maghreb-Staaten etwa Foggara (unterirdischer Stollen) oder auch Khettara in Marokko.

Dort war das System besonders erfolgreich, weil man – etwa rund um den Hohen Atlas – ähliche Geländeformationen wie im Iran nutzen konnte. Das Gebirgswasser wurde beispielsweise im Norden für das Vorland von Marrakesch angezapft oder im Süden für die marokkanische Sahara bei Erfoud. Der Siegeszug der unterirdischen Wasserrinnen war in Nordafrika noch nicht zu Ende. Sie wurden im Maurenreich auf der Iberischen Halbinsel neben anderen

Bewässerungsformen übernommen. Die spanischen Eroberer brachten sie schließlich nach Lateinamerika.

Der Name »Madrid« wird mit »mayrit« in Verbindung gebracht, einer Ableitung aus dem Arabischen, die so viel bedeutet wie: Ort, der reich ist an Wasserläufen. Der Punkt, an dem sich mehrere Qanat-Stränge treffen. Eine Stadt, die prosperieren kann, weil genug Wasser vorhanden ist. Erst 1851 wird mit dem Canal de Isabel II eine neue Form der Trinkwasserversorgung eingeführt. Im alten Zentrum Madrids, an der Plaza de los Carros, hat man 1983 bei archäologischen Ausgrabungen noch Überreste eines Qanats gefunden.

Qanate funktionieren ewig – falls sie regelmäßig gewartet und instand gesetzt werden. Eine mühevolle Aufgabe. Überall dort, wo sich scheinbar leichtere Wege an Wasser zu kommen auftaten, wurden die unterirdischen Kanäle vernachlässigt. Beispielsweise in der marokkanischen Sahara um Erfoud, als ein großer Stausee angelegt wurde. Auch mit Motorpumpen kann man den gleichmäßigen Fluss bis zum Versiegen stören: Wer auf einmal für den Eigenbedarf (zu) viel Wasser herauf holt, schädigt die Nachbarn – und langfristig auch sich selbst.

Im Iran zählte man um 1950 noch an die 50.000 Qanate, die etwa 40 Prozent aller Dörfer des Landes mit Wasser versorgten. Zwanzig Jahre später sprachen Forscher nur noch von rund 22.000 intakten unterirdischen Wasserstollen. Und der Verfall ging weiter. Doch inzwischen wächst das Interesse wieder, Qanate zu erhalten bzw. wieder zu beleben, aus ökologischen und aus touristischen Gründen.

12 Wissen im Praxistest III:

Zucker, das süße Gold

Bittersüß – in einem einzigen Wort lassen sich 1700 Jahre Kulturgeschichte des Zuckers zusammenfassen. Wer sich auf den Weg des Zuckerrohrs von Ost nach West im Laufe der Jahrhunderte begibt, passiert die halbe Welt. Das süße Gold sorgt überall, wo es angebaut, konsumiert und verkauft wird, für Gewinner und Verlierer. Die Schauplätze wechseln, der Zucker bleibt. Ein Stoff, der Medizin und Luxusgut sein kann, Nahrungs- und Genussmittel. Eine Pflanze, die Kolonialismus und Sklaventreibertum befördert hat, neuerdings scheinbar naturnahen Biosprit liefert und tatsächlich immer schneller zum Raubbau an der Natur beiträgt.

Die Geschichte beginnt in Nordindien. Erstmals gelingt es dort etwa 300 n. Chr., den Saft des Zuckerrohrs so lange zu kochen, bis kristalliner Rohrzucker ausfällt. Schritt für Schritt verbessert man den Herstellungsprozess. Etwa um 600 n. Chr. wird die Technik des Eindickens in Persien bekannt. Im Gebiet um Euphrat und Tigris gedeiht das Zuckerrohr vorzüglich. Der gekochte Sirup wird gern in konische Gefäße gefüllt. Langsam scheiden sich so die flüssigen und die festen Stoffe. Zurück bleibt der Zuckerhut – schneeweißer, harter, gut für Transport und Lagerung geeigneter Süßstoff.

Persien wird von den muslimischen Arabern erorbert. Sie lernen das Zuckerrohr und seine Verwendung kennen und sorgen nun auf ihrem Feldzug Richtung Westen für die Verbreitung der Nutzpflanze. Einige Daten sind uns überliefert: Bereits 650 n. Chr. ist das Zuckerrohr in Syrien und damit im Mittelmeerraum bekannt. Etwa 50 Jahre später erreicht die Pflanze Marokko, wenig später die Iberische Halbinsel. Auch Malta und Sizilien werden früh Anbaugebiet des süßen Goldes. Parallel dazu verfeinern sich die Fertigungsmethoden und ändern sich die Konsumgewohnheiten.

Ursprünglich galt der Zucker in Indien als Arznei, als Heilmittel, um (wieder) zu Kräften zu kommen. In diesem Sinne setzte ihn auch Ibn Zakariyya al-Razi ein (vgl. Kap. 5). Er wirkte um das Jahr 900 n. Chr. im persischen Rayy und in Bagdad und gilt als größter klinischer Mediziner seiner Zeit. Al-Razi, der später in der lateinischen Welt als Rhazes bekannt wurde, hat ein umfangreiches Werk über Krankheiten verfasst, Anweisungen zur Linderung oder Heilung inklusive. Wenn ein Kind hustet, empfiehlt er beispielsweise den Einsatz von »Penidienzucker«. Das ist der Rohrzucker:

»Nimm Quittensamen, erweiche sie in heißem Wasser und extrahiere das Klebrige. Koche den Auszug über dem Feuer mit Penidienzucker und Mandelöl auf und gib das dem Kind.«

Oder: »Lass getrocknete Weintrauben, deren Kerne entfernt sind, in einem eisernen Geschirr aufwallen. Aber pass auf, dass sie nicht anbrennen. Zerstampfe sie und mische gleichviel Penidienzucker dazu. Gib dem Kind abends und morgens davon, gerade mal in der Größe einer Walnuss.«

So übersetzt Uta Kahlert in ihrer Doktorarbeit aus dem Jahr 2015 die Vorschläge al-Razis, auf der Grundlage der lateinischen Fassung seines Werks, Liber de morbis infantium.

Es blieb nicht beim Zucker als Arznei. Schnell faszinierte die Menschen seine Süße. Und wer es sich leisten konnte, ließ vielgestaltiges Zuckerwerk backen – so etwa die Kalifen bereits ab dem 8. Jahrhundert. Das süße Gold – es war ein wertvoller Stoff, nicht nur geeignet für den Konsum, sondern auch für die Repräsentation. Für wichtige Zeremonien ließen die arabischen Herrscher große Zuckerbauten erstellen – ein Ausdruck von Luxus und Macht.

Wahre Wunderdinge werden dem Zucker zugetraut: die Steigerung der Libido, die Anregung der Verdauung, die Konservierung von Stoffen. Auf den Geschmack der süßen Versuchung kommen bereits die ersten Kreuzfahrer in Palästina. Die Handelsmächte Venedig und Genua tun früh das ihre, um zuccarum – so der mittellateinische Name – in Europa als begehrenswerten Stoff bekannt zu machen.

10. Jahrhundert, im Südosten der Iberischen Halbinsel, dort wo der Fluss Guadalfeo ins Mittelmeer mündet. Noch beherrschen die Mauren, die Nachfahren der einstigen arabisch-islamischen Eroberer ganz al-Àndalus. Die fruchtbare Mündungsebene des Guadalfeo eignet sich bestens für den Anbau von Zuckerrohr. Relativ stabile Temperaturen im Schnitt um 19 bis 20 Grad, kein Nachtfrost, viele Sonnenstunden, tiefe Böden mit hohem Kalkanteil – das sind gute Voraussetzungen. Außerdem genügend Feuchtigkeit. Denn darin, Wasser auf eigens gebauten Wegen dem Acker künstlich zuzuführen, sind die Mauren ja Meister.

Zunächst experimentieren die besseren Herrschaften in ihren ausgedehnten Gartenanlagen um Almuñecar mit dieser neuen, importierten Pflanze. Zucker ist ein Genussmittel – oder aber Medizin. In beiden Fällen reichen kleine Mengen aus. Die Anbauflächen werden erst dann ausgedehnt, als man sich einerseits sicher ist im Umgang mit der neuartigen Pflanze und andererseits die Genuesen ungeahnte neue Handelswege und Absatzmärkte auftun. Ab dem 11. Jahrhundert läuft ein reger Schiffsverkehr im Mittelmeer, der bald auch Flandern und Nordeuropa erreicht. Ein wichtiges Exportgut ist der Zucker. Wer ihn kennen lernt, gewöhnt sich daran. Und wer ihn nicht selbst anbauen kann, importiert.

Besonders gut erforscht sind die Handelswege der Genuesen im 14. Jahrhundert. Sie verbinden die Zuckerproduzenten der Guadalfeo-Ebene zwischen Motril, Salobreña und Almuñecar im Maurenreich Granada mit den Kunden in der Mitte und im Norden Europas. Der Hafen Brügge ist der zentrale Umschlagplatz, von dem aus unter anderem auch Paris und London versorgt werden.

So lange die Mauren herrschen – bis Ende des 15. Jahrhunderts – legen sie Wert auf sorten- und abwechslungsreichen Landbau. Die einfachen Leute, die den Acker bestellen und dafür sorgen, dass niemand bei der künstlichen Bewässerung zu kurz kommt, pflanzen Weizen und Gerste für den Eigenbedarf an und produzieren für den Handel. Zwischen den Parzellen stehen viele Bäume – etwa Feigen, Pappeln und Maulbeergewächse. In Dorfnähe gibt es Felder mit Gemüse und Hülsenfrüchten. Wo Zuckerrohr angebaut wird, sind die technisch noch sehr bescheidenen Betriebe nicht weit, in denen der süße Stoff extrahiert wird.

Doch dann kommen die Kastilier, die Katholischen Könige und ihre Statthalter. Die Maurenherrschaft ist am Ende. An der Küste findet der Machtwechsel schon 1480 statt. Zwölf Jahre später ziehen das Königspaar Isabella und Ferdinand schließlich auf der Alhambra in Granada ein. 1492: Das Jahr markiert einen Epochenwechsel, sichtbar unter anderem an den Spuren des Zuckers, die er diesseits und jenseits des Atlantiks hinterlässt.

Den Zeichen der nun beginnenden frühkapitalistischen Zeit gehorchend wird im gesamten Mündungsgebiet des Guadalfeo und an der angrenzenden Küste das Zuckerrohr bald als Monokultur angebaut. Angefeuert wird der gesamte Zuckerherstellungsprozess mit Holz. Dafür machen die Bauern die Wälder der Küstenregion klein. Mit einschneidenden Folgen: Pro Saison gehen 20 Quadratkilometer Eichenwald verloren. Die nun nackten Berghänge werden für den Zuckerrohranbau präpariert. Auf diese Weise schrumpft die Fläche fruchtbaren Bodens, auf dem Nahrungsmittel für die Bevölkerung wachsen könnten. Nutznießer sind die neuen Grundbesitzer: König, Adel und Kirche.

Die breiteste Schneise schlagen die Seefahrer. Die Portugiesen bringen das Zuckerrohr nach Madeira, auf die Azoren, auf die Kanarischen Inseln. Dort finden sie phantastische Boden- und Klimaverhältnisse für den Anbau der Pflanze vor. Noch weiter in den Westen bringt sie Kolumbus auf seiner zweiten Eroberungsfahrt 1493 im Dienst der Katholischen Könige Spaniens. Erstmals wird nun Zuckerrohr auf der Karibikinsel Hispaniola – die sich heute Haiti und die Dominikanische Republik teilen – kultiviert. Es ist der Beginn eines unbeschreiblichen, eines brutalen Booms.

Unter den tropischen Bedingungen der Karibikinseln und Brasiliens gedeiht das Zuckerrohr besonders gut. Wo nicht ausreichend bebaubarer Boden zur Verfügung steht, wird er geschaffen und Regenwald abgeholzt. Rodung und Kultivierung sind arbeitsintensiv. Auf die Urbevölkerung können die europäischen Eroberer kaum setzen. Denn viele Menschen sind geflohen, um nicht umgebracht zu werden – oder halten den Bedingungen der Plantagenarbeit nicht stand. Das macht schnell den Sklavenhandel von Afrika nach Amerika zum blühenden Geschäft. Von 1450 bis 1850 sollen rund zehn Millionen Afrikaner nach Übersee verfrachtet worden sein.

Mit »Kolonialwaren« ist in Europa ein glänzendes Geschäft zu machen. Dennoch ist etwa Rohrzucker längst nicht für alle erschwinglich. Um 1800 muss ein einfacher Arbeiter hierzulande für ein Kilo Zucker etwa fünf Stunden schuften. Der Weltverbrauch liegt bei 250.000 Tonnen.

Die Konkurrenz für den »kolonialen Zucker« entsteht in Berlin. Dort entwickelt Franz Carl Achard die Technik zur Herstellung von Zucker aus Runkelrüben. Im Jahr 1802 errichtet er in Cunern an der Oder, im heutigen Polen, die erste funktionsfähige Rübenzuckerfabrik der Welt. Der aus heimischem Gewächs industriell gefertigte Süßstoff ist weit billiger zu haben und entwickelt sich bald zum Massenprodukt. Um 1900 sollen weltweit bereits 11 Millionen Tonnen Zucker verbraucht worden sein, die Hälfte davon hergestellt aus Rüben.

Das könnte das Ende der Geschichte sein. Wenn, ja wenn nicht neuerdings die Kraft des Zuckerrohrs als Treibstoff nach Europa zurückkehren und neue Fragen aufwerfen würde: nach Umweltzerstörung und Landraub, nach Energiehunger und Lebensstil. Bittersüß.

13 Wie die Forschung arbeitet IV:

Von Sokrates bis Gouguenheim

Mit dem späten Ruhm ist das so eine Sache. Niemand kann sich mehr dagegen wehren, was einem die eigenen Schüler, die Nachfolger und Kontrahenten sowie die Öffentlichkeit alles zuschreiben. Von Sokrates zum Beispiel glauben wir den berühmten Satz zu kennen: »Ich weiß, dass ich nichts weiß.« Außerdem soll der griechische Philosoph, der vor etwa 2400 Jahren lebte, das »Sokratische Gespräch« als Lehrmethode erfunden haben. Er selbst hat nichts aufgeschrieben. Unsere Überlieferungen stammen von seinen Schülern, von Xenophon und Platon beispielsweise und – noch eine Generation später – von Aristoteles. Heute streitet sich die Wissenschaft beispielsweise darüber, ob in der deutschen Übersetzung seines kategorischen Satzes ein »s« zuviel steckt. Meinte Sokrates: Ich weiß, dass ich nicht weiß?

Die Methode des Sokratischen Gesprächs hat in der tradierten Form ihren Weg gemacht: Ein kluger Lehrmeister gibt sein Wissen in konzentrierten Dialogen weiter. Es geht in diesen Zwiegesprächen ums fundierte Argumentieren, ums kritische Überprüfen der Thesen und Anschauungen, ums Abtasten und Erkennen der Zusammenhänge. Der Meister kennt sich aus, muss sich aber den vielleicht spitzfindigen und herausfordernden Fragen des Schülers stellen. Nebenbei bemerkt: Schülerinnen oder gar Meisterinnen sind im Prozess des Wissenserwerbs der griechischen Antike nicht vorgesehen.

Rund 1400 Jahre nach der Hochzeit der griechischen Philosophie blüht die arabische Wissenschaft auf. Die Gelehrten im Orient setzen sich nicht nur intensiv mit den Kenntnissen »der Alten« (Griechen) auseinander. Sie eignen sich auch so manches wissenschaftliche Handwerkszeug an. Wie etwa das sokratische Gespräch. Eines ist sogar in schriftlicher Form überliefert, eine Auseinandersetzung zwischen dem »Meister« Ibn Sina und seinem »Schüler« al-Biruni über 18 Fragen zwischen Himmel und Erde. Der Berliner Graeco-Arabist Gotthard Strohmaier hat aus diesem Lehrgespräch ein Lehrstück gemacht, in dem nicht nur das Ringen um die rechte Antwort deutlich wird, sondern auch der Disput darüber, wer der Klügere ist.

Versetzen wir uns in die Zeit um 1000 nach Christus in die blühende Stadt Buchara im heutigen Usbekistan. Dort wirkt Ibn Sina (lateinisch: Avicenna). Er gilt als Autorität in Philosophie, Medizin und anderen Wissenschaften. An ihn wendet sich der einige Jahre ältere Gelehrte al-Biruni. Er lebt zu der Zeit rund 500 Kilometer Luftlinie entfernt in Kath. Auch dieser Ort gehört – wie Buchara – zum persischen Kulturraum. Al-Biruni hat sich mit Schriften Aristoteles' auseinandergesetzt. Bei der Bewältigung der entstandenen Fragen und Zweifel soll ihm nun der geachtete Ibn

Sina helfen. Mehrmals gehen die Briefe hin und her. Meist überwiegen Höflichkeit und beharrliches Nachhaken, berichtet Strohmaier. Doch es mischen sich auch »schrille polemische Töne« in den Disput der beiden Gelehrten. Oder sie reden/schreiben schlicht aneinander vorbei.

Sind Gebirge »urewig« oder entstanden? Ist die Welt ewig oder entstanden? Wie muss, wie darf man Aristoteles verstehen? Das sind im 10. Jahrhundert brandheiße Fragen, um die das Denken der beiden Männer kreist. Ibn Sina rügt al-Biruni, weil er eine im Laufe der Zeit entstandene Welt für denkbar hält. Davon will der »Meister« in diesem sokratischen Schriftgespräch nichts wissen: Sonst stellte sich ja auch die Frage, ob der Schöpfer selbst schon immer war! Die beiden ringen nicht nur um die Interpretation kritischer Schnittstellen von Religion und Philosophie, sie setzen sich auch mit ganz handfesten Erkenntnissen auseinander.

Was ist wahr: Aristoteles' Vorstellung, dass wir etwas sehen, weil die Objekte Licht in unser Auge senden? Oder sollte doch Platons Idee vom Sehstrahl, den das Auge ausschickt, zutreffend sein? Al-Biruni lässt nicht locker, widerspricht der Autorität Ibn Sinas in vielen Fragen, traut seiner exakten Beobachtung mehr als den gängigen Weisheiten. Warum zum Beispiel, will er wissen, dehnen sich Körper bei Wärme aus und ziehen sich bei Kälte zusammen? Warum aber ist es beim Wasser anders? Al-Biruni hat nämlich beobachtet, das gefrierendes Wasser an Volumen zunimmt und ein Gefäß sprengt. Die Antwort Ibn Sinas befriedigt ihn nicht.

Der Dialog der beiden Universalgelehrten ist ein Lehrstück. Nicht nur wegen der Art des Umgangs miteinander und mit abweichenden Meinungen. Sondern auch, weil deutlich wird, was bei ihrer Wahrheitssuche eine Rolle spielt: Da gibt es die überlieferten Kenntnisse »der Alten« und die neuen Stimmen, die später dazu gekommen sind. Erkenntnis erlangt man durch Lektüre und Disput, bei der Naturbeobachtung und -dokumentation sowie mit Experimenten, um Thesen zu überpüfen. Einfluss hat aber auch das gesellschaftliche Klima. Was darf man denken und sagen, ohne anzuecken? Wie beharrlich bleibt man bei als richtig erkannten Zusammenhängen, auch wenn's unbequem wird? An welchem Punkt verbietet man sich selbst das Weiterdenken?

Weitere tausend Jahre später, 2008. Der französische Mittelalterforscher Sylvain Gouguenheim publiziert das Buch »Aristote au Mont-Saint-Michel. Les racines grecques de l'Europe chrétienne«, in dem er einen wissenschaftlichen Einfluss der arabisch-islamischen Welt auf Europa ausschließt. »Es war einfach nicht möglich, den Gebrauch des Verstandes, wie ihn die Griechen in der Antike praktiziert hatten, mit der muslimischen Perspektive in Einklang zu bringen.« Während das Christentum eine Religion sei, die wissenschaftliche Erkenntnis beflügelt, so der Professor aus Lyon, verunmögliche sie der Islam geradezu. Bei einer überwiegend analphabetischen Bevölkerung seien es ohnedies »nur eine Handvoll Personen« gewesen, die sich mit den griechischen Texten und Gedanken auseinandersetzten. Wie sollte von ihnen eine spürbare Wirkung auf Europa ausgehen?

Ganz abgesehen davon, so Gouguenheim, dass alles vom griechischen Wissen, das dem Islam hätte gefährlich werden können, vorher ausgesiebt worden sei, selbst in Fächern wie der Astronomie. Damit nicht genug: Wissenschaft, die ihren Namen verdient, sagt er, habe erst in Europa ab dem 16. Jahrhundert existiert, »und nur in Europa«. Außerdem glaubt der Mittelalterforscher, dass ein Wissenstransfer vom Osten in den Westen auch aus sprachlichen Gründen nicht funktionieren konnte. Die Weitschweifigkeit der arabischen Sprache, so argumentiert er, eigne sich vielleicht für Poesie und Religion, nicht aber für einen nüchternen philosophischen Dialog. Gouguenheim meint: Die Erkenntnisse von Aristoteles und anderen griechischen Denkern seien in der Normandie, in der Abtei Mont Saint-Michel, unmittelbar ins Lateinische übersetzt worden und hätten so die europäische Moderne angestoßen.

Das Buch löst in Frankreich umgehend eine heftige Debatte in Wissenschaftsgemeinde und Öffentlichkeit aus. Kritik wird in Tageszeitungen und Kulturmagazinen, mit Protestschreiben und Gegenschriften geäußert. Aber Gouguenheim findet auch Unterstützer für seine Thesen. Die Debatte setzt sich in anderen Ländern fort. In Deutschland wird sie u.a. in der Frankfurter Allgemeinen Zeitung geführt. Gouguenheim wird von seinen wissenschaftlichen Kollegen unsauberes, ideologiegeleitetes Arbeiten vorgeworfen. Dag Nikolaus Hasse, Professor für Philosophie- und Wissenschaftsgeschichte der griechisch-arabisch-lateinischen Tradition an der Universität Würzburg spricht sogar von »kulturellem Rassismus«.

2011 erscheint eine deutschsprachige Fassung des Buchs mit dem Titel »Aristoteles auf dem Mont Saint-Michel«. Beigefügt sind dem Text zwei kritische Kommentare. Der Spezialist für transkulturelle Studien im Mittelmeerraum, Daniel G. König (heute Universität Heidelberg), warnt davor, arabisch-islamische und europäische Kultur gegeneinander auszuspielen. Der Hoch- und Spätmittelalterforscher Martin Kintzinger (Universität Münster) erinnert daran, dass sich seit dem 11. September 2001 die Wahrnehmung des Islam in Europa zum Negativen verändert habe. Offenbar färbe das auch auf die Beurteilung der Vermittlungsleistung der arabisch-islamischen Kultur zwischen griechischer Antike und europäischem Mittelalter ab. Kintzinger fällt ein klares Urteil über Gouguenheims Thesen: »Seine Behauptungen sind nicht mehr durch Erkenntnisse wissenschaftlicher Arbeit gedeckt.«

14 Dekadenz, Fundamentalismus oder historisches Pech?

Warum die arabische Wissenschaft versiegte

Größere Gegensätze sind schwer vorstellbar. Im März 2001 zerstören Taliban-Kämpfer im afghanischen Bamiyan in den Fels gehauene Buddha-Statuen. Zeugen einer 1500 Jahre alten Hochkultur verschwinden, weil ihre Existenz angeblich gegen das islamische Bilderverbot verstößt und den muslimischen Charakter des Landes verunreinigt. Und weil die riesenhaften Steinfiguren Weltkulturerbe sind. Das ist den selbsternannten Glaubenshütern zu viel der Anerkennung des zu bekämpfenden »Westens«. Etwa zur gleichen Zeit beginnen in Abu Dhabi die Planungen für eine künstliche Kulturinsel, auf der die Kunstmuseen Guggenheim und Louvre moderne Zweigstellen eröffnen werden. Der Islam ist überall Staatsreligion am Golf, doch für die regierenden Scheichs ist das Modernste und »Westlichste« gerade gut genug fürs eigene Prestige und für die Wirtschaft. Arabien und die islamische Welt heute: Was halten sie von Kunst, Kultur und Wissenschaft? Gibt es eine gemeinsame Linie?

Im Jahr 2015 ruiniert die Terrormiliz Islamischer Staat (IS) im Irak Festungs- und Tempelanlagen in Nimrud, plündert das Museum in Mossul, zerstört das Kulturerbe der Menschheit in Palmyra. Jahrtausende alte Bauwerke und Kunstschätze werden attackiert und vernichtet. Vorislamische Hochkulturen sind den Kämpfern des IS ebenso verhasst wie »westliche« Forschung. Muslime sollten auf weltliche Wissenschaft verzichten, wenn sie keinen spirituellen Gewinn abwirft, so lautet ihre Losung. Unterdessen entsteht in Qatar eine »Science & Technology Park Education City«, die sich der technologischen Innovation verschreibt und offen ist für alle Weltkonzerne von Microsoft bis Siemens. Ähnlich ambitioniert ist in Saudi-Arabien die »King Abdullah University of Science and Technology«. Hochburgen der Wissenschaft in autoritären arabischen Staaten, die sich als Hüter eines durchaus nicht liberalen Islams verstehen. Unvereinbare Gegensätze oder schlicht zwei Seiten einer Medaille?

Es lohnt sich, aus drei verschiedenen Blickwinkeln auf die Entwicklung zu schauen: auf die internen Faktoren, die Aufstieg und Fall der arabisch-islamischen Kultur im Mittelalter bewirkt haben, auf jene Kräfte, die eine Renaissance in Europa einläuteten sowie auf die Wechselwirkungen, die es zwischen den beiden Welten und ihren Fort- bzw. Rückschritten gab und gibt.

Um den Niedergang der arabischen Hochkultur zu begreifen, beginnt man am besten bei ihrem Aufstieg. Zunächst erstaunt, wie schnell und vergleichsweise widerstandslos die arabisch-islamische Expansion verlief. Nach dem Tod des Propheten Muhammad 632 n. Chr. vergingen keine hundert Jahre, bis die Muslime ihr Herrschaftsgebiet, ausgehend von der arabischen Halbinsel bis zum Fluss Indus im Osten und bis zum Atlantik im Westen vergrößert hatten. Diese gewaltigen Eroberungen gelangen, weil die meisten der unterworfenen Völker ihrer bisherigen Herrschaft nicht nachtrauerten und weil die großen Gegner – die persischen Sassaniden und das Byzantinische Reich – mit sich selbst beschäftigt waren. Den Vormarsch beflügelte die Tatsache, dass der gemeinsame Glaube, der Islam, die vielen arabischen und berberischen Stämme verband, die vordem häufig Kleinkriege untereinander geführt hatten.

Die heutige Forschung billigt den Siegern außerdem Offenheit, Beweglichkeit und Improvisationsgeschick zu. Meist belassen die Araber die vorhandenen Verwaltungsstrukturen vor Ort. Lediglich eine eigene Oberaufsicht wurde eingesetzt. Zoroastrier (»Feueranbeter«), Christen und Juden müssen zwar Religionssteuer bezahlen, bleiben ansonsten aber unbehelligt bei der Ausübung ihres Glaubens. Die islamischen Eroberer nehmen vor Ort bereitwillig kulturelle Ideen auf, wenn sie tauglich erscheinen, Gott und die Welt zu erklären.

Gemeinsame Regeln für das neu entstandene Großreich kommen erst nach und nach zur Geltung. Es bleibt immer Raum für regionale Besonderheiten und Abweichungen. Etwa, was die Rolle der arabischen Sprache betrifft. Sie ist zwar die »heilige« Sprache des Koran; daran führt für alle eroberten und bekehrten Völker kein Weg vorbei. Außerdem entwickelt sich Arabisch im Laufe der Zeit zur potenten Wissenschaftssprache. Im Alltag aber bleiben die Menschen bei ihrer gewohnten Ausdrucksweise. In einigen Fällen, etwa bei der indogermanischen Sprache Persisch, setzt sich die arabische Schrift durch.

Der Gleichklang von Religion und Zivilisation im Islam erweist sich zunächst als Vorteil. Dennoch ist das eine große Kalifat nicht lange zu halten. Bald boykottieren lokale Herrscher den allumfassenden Machtanspruch, in Marokko und auf der Iberischen Halbinsel beispielsweise. Im übrigen Reich schleicht sich eine Art von Arbeitsteilung ein: Der Kalif hat das letzte Wort in religiösen Dingen und segnet die Sultane vor Ort ab. Und die spielen dann ihre weltliche Macht nach Gusto aus.

Mit Abstand betrachtet, lässt sich erkennen: Diese Form der Herrschaft stabilisierte durchaus die politische Ordnung. Und es waren produktive Zeiten für die Entwicklung von Kultur und Wissenschaft im arabisch-islamischen Herrschaftsbereich. Impulse aus der Antike, persische, indische, chinesische Erfindungen und Denkanstöße wurden aufgenommen und führten zu ganz neuen Erkenntnissen. In al-Àndalus kamen darüber hinaus jüdische und christliche Einflüsse dazu.

Auf der anderen Seite der Medaille steht: Es gab von Anfang an einen latenten Konflikt zwischen orthodoxem und rationalistischem Islam. Der spitzte sich im Laufe der Jahrhunderte zu. Die Konservativen obsiegten. Die muslimische Orthodoxie wirkte sich direkt auf Recht und Ordnung aus. Ein allzu bekanntes Muster setzte sich durch: Wenn der

Verlust der Macht drohte, wenn die eigene Dynastie in Gefahr war, dann litten Offenheit und Experimentierfreude. Das Interesse an wissenschaftlicher Forschung beschränkte sich dann auf Ergebnisse, die im Dienst der Religion oder des Militärs standen oder die den wirtschaftlichen Interessen der Herrschenden dienten.

In der heutigen Forschung herrscht Dissens darüber, wie lange man tatsächlich von einer arabischen Wissenschaft sprechen kann, wann der Niedergang begann. Die rigorose Variante lautet: Ihren Höhepunkt hatte sie um 1000 n. Chr. im Haus der Weisheit in Bagdad. Die nächsten 500 Jahre ging es langsam bergab. Andere sehen die Zäsur im 13. Jahrhundert. Mit dem Verlust der politischen Herrschaft, so wird argumentiert, war auch die Kulturhoheit verloren: Córdoba 1236, Valencia 1238, Sevilla 1248, Bagdad 1258, Damaskus 1260. In Spanien sind es die Christen, die gewinnen, im Fall von Bagdad und Damaskus die Mongolen.

Eine andere Lesart besagt: So groß und brutal die Zerstörung kultureller Güter durch die neuen Herren im Einzelfall auch war – der gesammelte Fundus an Weltwissen ging nie verloren. Aus ihm wurde weiter geschöpft, an den selben Orten oder anderswo (vgl. Kap. 5 und 8). Bis ins 15. Jahrhundert hinein strahlte demzufolge immer mal wieder ein Stern am arabisch-islamischen Wissenschaftshimmel auf, dessen Licht bis in den Westen leuchtete – vom Soziologen Ibn Khaldun (vgl. Kap. 8) bis zum Mathematiker al-Kashi, der den Kosinussatz in der Trigonometrie erdachte.

Religiöse und machtpolitische Faktoren verursachten den Bedeutungsverlust der arabischen Welt von innen heraus. Dazu kam: Genau in der Zeitspanne, in der der Orient seine Kraft langsam verlor, fing der Okzident an, seine eigene Schwächeperiode zu überwinden.

Bis ins 12. Jahrhundert hinein herrschte im Westen geistiger Stillstand. Erst dann begann wieder eine Phase, in der das findige Umsetzen von anderswo gemachten Erfahrungen einen Aufschwung erlebte. Dazu gehörte beispielsweise der vielfältige Einsatz der Mühlentechnik, für die Energiegewinnung, für Sägewerke oder zur Herstellung von Papier (vgl. Kap. 10). Hungersnöte, Krieg, Pest und Volksaufstände warfen die Entwicklung jedoch erneut zurück. Erst im 15. Jahrhundert feierte die europäische Gelehrsamkeit in der Renaissance eine echte Wiedergeburt. Man wandte sich erneut der Antike zu, eignete sich an, was die arabische Wissenschaft überliefert hatte, ließ Kunst, Kultur, Forschung und Lehre aufleben.

Eine entscheidende Rolle spielen die Universitäten. Bereits im 13. Jahrhundert sind in Bologna und Paris Hochschulen entstanden. Zu diesen »Klassikern« gesellen sich nun in rasantem Tempo Neugründungen in ganz Europa, von Irland bis Spanien, von Königsberg bis Nantes. Um 1400 werden 33 aktive Universitäten in Europa gezählt, hundert Jahre später hat sich ihre Anzahl bereits verdoppelt.

Bahnbrechend ist der innere Aufbau. Die Universitäten sind Gemeinschaften von Lehrenden und Lernenden. Sie verfügen über besondere Rechte der Selbstverwaltung – vom

Forschungsziel über den Studienplan bis zum verliehenen akademischen Grad. Damit ist die direkte Abhängigkeit des einzelnen Wissenschaftlers von einem ihn fördernden König oder Bischof beendet. Hof und Kirche behalten zwar weiterhin Einfluss darauf, was und wie geforscht wird. Der Fürst sorgt in der Regel für einen Teil der materiellen Ausstattung und für die päpstliche Bestätigungsbulle. Dennoch verändert die Universität das wissenschaftliche Selbstverständnis grundsätzlich. Als eigenständige Institution bietet sie den Rahmen für kontinuierliche inhaltliche Arbeit und für eine Breitenwirkung, wie sie zuvor nie möglich gewesen war. Vergleichbares gibt es im Orient nicht.

Neben den traditionellen Machtfaktoren Staat und Kirche bilden sich im Westen unabhängige gesellschaftliche Einheiten. Dafür ist die Universität ein Beispiel. Dazu kommt die Stadt, in der sich die Bürger eine eigene kommunale Ordnung geben. Mit weitreichenden Folgen. Denn Stadtluft macht frei, in vielerlei Hinsicht. Neue Organisationsformen der Arbeit entstehen. In den Manufakturen entwickeln sich Arbeitsteilung und Professionalisierung. Im 12. Jahrhundert bereits wird in den Städten Oberitaliens der bargeldlose Zahlungsverkehr eingeführt. Florenz gelangt im 15. Jahrhundert mit der Dynastie der Medici zur Blüte. Die Stadt ist nicht nur die wirtschaftliche Metropole der Renaissance, sondern dank genialer Köpfe wie Leonardo da Vinci oder Michelangelo auch die kulturelle und geistige. Alte Grenzen verwischen und die starre Ordnung weicht auf. Gesellschaft und Wirtschaft formieren sich als neue Instanzen neben König und Klerus. Der Spielraum des Einzelnen vergrößert sich und – das ist der Preis – auch die Unsicherheit des Lebens.

So unabhängig die Entwicklungen in Orient und Okzident sind, es gibt auch eine Wechselwirkung. Mit der islamisch-arabischen Eroberung entlang der südlichen Mittelmeerküste ist die Einheit dieses geografischen Raumes zerbrochen. Eine »Systemgrenze« zwischen der muslimischen und der christlichen Welt ist entstanden. Es haben sich neue Identitäten und Loyalitäten ausgebildet, aber auch Gegnerschaften. Nichts bleibt unbeachtet und folgenlos. Man ist wachsam, auf beiden Seiten.

Eine Frage drängt sich auf: Welchen Einfluss haben die Kreuzzüge gehabt auf die Völker diesseits und jenseits des Mittelmeeres? Hat diese »Begegnung« von Orient und Okzident, so feindlich sie angelegt war, auch positive Anstöße gegeben? Wurde auf diese Weise gar der Kulturaustausch gefördert? Das Bild, das die Forschungsergebnisse zeichnen, ist uneindeutig. Als sicher gilt, dass die diversen Anläufe der Christen zwischen 1096 und 1291, arabisches Territorium zu erobern und zu halten, die muslimische Welt schwächten. Es kostete militärischen Aufwand, die Gegner immer wieder zurück zu schlagen. Interne Spannungen bei den Angegriffenen wuchsen und begünstigten den weiteren Zerfall der Herrscherhäuser.

Umstritten ist die Rolle, die der Wissensaustausch spielte. Es gibt die Ansicht, die christlichen Kreuzfahrer seien weder willens noch in der Lage gewesen, den Wert des arabischen Weltwissens zu erkennen und sich zu nutze zu machen. Doch viele Forscher gehen von einem frühen Brain-Drain aus. Demnach verliert der Orient im Verlauf der Kreuzzüge sein Alleinstellungsmerkmal auf vielen Feldern; das Herrschaftswissen fließt ab. Der Stolz ist gebrochen, der erste Schritt auf der schiefen Bahn hin zu Stumpfheit, Intoleranz und Dekadenz getan. Dies geschieht, so heißt es, weil die Kreuzritter Grenzen überwinden, weil sich für sie im Osten neue Perspektiven eröffnen. Sie lernen dazu, bringen neue Sichtweisen und Kenntnisse nach Hause und kurbeln den Fortschritt in Wirtschaft und Kultur an.

Die religiösen Motive für die christlichen Kreuzzüge waren vorgeschoben, in erster Linie ging es um machtpolitische und wirtschaftliche Interessen. Ein Ziel des Westens war es etwa, die Vorherrschaft der arabischen Welt im Fernhandel zu brechen. Seit der islamischen Expansion kontrollierten die Araber die Seewege vom Persischen Golf bis zum Atlantik – Rotes Meer und Mittelmeer inklusive. Für die Karawanenwege galt das Gleiche. Wer Güter zwischen Europa, Afrika und Asien austauschen wollte, kam an den Arabern nicht vorbei. Wer ein Geschäft mit Luxuswaren aus dem Orient witterte, musste erst an ihre Zwischenhändler zahlen. Die Kreuzfahrer scheiterten jedoch mit ihrem Vorstoß, dieses Monopol zu brechen. Die italienischen Stadtstaaten Genua, Venedig und Pisa dagegen arrangierten sich gut mit der arabischen Welt und bauten eine lukrative Mittlerrolle im Fernhandelsgeschäft auf.

Spanier und Portugiesen schlagen nun im 15. Jahrhundert eine andere Strategie ein. Statt die Araber zu besiegen oder sich den Handelsgewinn mit ihnen zu teilen, suchen sie nach Wegen, deren Vormacht zu umgehen. Vasco da Gama findet 1498 die neue Seeroute nach Indien – von Portugal aus der westafrikanischen und danach der ostafrikanischen Küste entlang quer über den Indischen Ozean. Eine Weile funktioniert der Welthandel auf dieser und auf der »alten« Mittelmeer-Route. Es dauert bis ins 17. Jahrhundert, bis der portugiesische (d.h. europäische) Handelsweg die größeren Umsätze erbringt, doch das Signal an die arabisch-islamische Welt heißt von Anfang an: Wir brauchen euch nicht! Wir machen unseren Fortschritt nicht von eurem Kooperationswillen abhängig! Wir holen uns, was wir wollen, auf eigenen Wegen!

Welche Weltgegend gibt den Ton an, bestimmt Tempo und Richtung der Entwicklung? Diese Frage wird nun – am Übergang vom Mittelalter zur Neuzeit – neu beantwortet. Der Okzident startet durch, der Orient verliert die Kraft zur eigenen Stärke. Daran, so scheint es, hat sich bis heute nichts geändert. Zurück zu ihrer einstigen Strahlkraft hat diese Weltgegend jedenfallls nicht gefunden.

Dabei durchlebte die arabisch-islamische Welt turbulente Zeiten seit dem 16. Jahrhundert. Heftige geschichtliche Erschütterungen wandelten die Lebensbedingungen der Menschen oft drastisch. In Stichworten: der Aufstieg des Osmanischen Reichs, der europäische Imperialismus im 19. Jahrhundert, das formale Ende der Kolonialzeit mit der Bildung von Nationalstaaten, der Ölboom, die Kämpfe untereinander und der jüngste Bodengewinn des Islamismus. Unübersehbar wird: »Die« arabische Welt gibt es so nicht mehr. Nicht einmal mehr die eine homogene islamische Welt.

Doch auch der Westen bleibt nicht vorn. Längst hat Europa seinen Monopolanspruch für Wirtschaft, Kultur und Wissenschaft verloren. Schien lange Zeit klar, dass nun in den USA und nur dort die Zukunftsmusik spielt, ist inzwischen auch die Führungsrolle der Vereinigten Staaten nicht mehr unumstritten. Ausgang ungewiss.

Heute wird im Westen gern vom »Krisenbogen Marokko – Pakistan« geredet. Das erweckt den Eindruck, als gäbe es noch die eine zusammenhängende arabisch-islamische Welt. Und zwar eine, von der tendenziell Unruhe, Gefahr und Chaos ausgehen. Eine Region, die man besser meidet.

Das ist Schwarz-weiß-Malerei, die nicht weiterhilft. Die politische und gesellschaftliche Lage in Marokko ist nicht mit der in Syrien, in Libyen, dem Irak oder dem Jemen zu vergleichen – Staaten, die in Kriegen zerfallen sind. Die Lage in Afghanistan und Pakistan ist wieder anders. Die reichen Golfstaaten verfolgen Ziele, die ihre Nachbarn, die keine Ölfelder besitzen, gar nicht haben können. Saudi-Arabien und der Iran kämpfen verbissen um die regionale Dominanz und mischen sich dazu kräftig in die Politik von Anrainerstaaten ein. Und so weiter. Es scheint, dass lediglich die Hoffnung der Bevölkerung auf bessere wirtschaftliche Verhältnisse und unbegrenzten Konsum das lose Band ist, das alle eint.

Zurück zum Ausgangspunkt: Aus der brutalen Zerstörungswut von Taliban oder IS kann nicht auf die generelle Kulturlosigkeit und Wissenschaftsfeindlichkeit der gesamten islamischen Welt geschlossen werden. Andererseits sind die ambitionierten Forschungs- und Museumsprojekte in der Golfregion singulär und stehen für keinen (regionalen) Trend.

Die autokratischen und wohlhabenden Herrscherhäuser in Saudi-Arabien und den Golfstaaten versuchen, sich alten arabisch-islamischen Glanz einfach zu kaufen. Wie x-beliebige Waren erwerben sie, was Wissenschaft und Kultur in Europa und den USA zu bieten haben. Es wird sich zeigen, ob der Louvre in Abu Dhabi, die King Abdullah University in Thuwal oder der Science Park in Qatar mehr sein werden als hochmoderne Riesen auf tönernen Füßen, mehr als glitzernde Dekorationen mit klangvollen Namen für Regime von gestern.

Der Wettstreit zwischen Orient und Okzident geht weiter, mal unterschwellig, mal offen. Höchste Zeit, dass wir im Westen auch unsere Hausaufgaben machen. Etwa so, wie es Friederike Pannewick, Arabistin am Centrum für Nah- und Mittelostudien an der Universität Marburg, fordert: »Unsere Wahrnehmung der arabischen Welt ist von vielen Missverständnissen getrübt. Im Gegensatz zu vielen arabischen Intellektuellen, die detaillierte Kenntnisse der europäischen Geistesgeschichte haben, herrscht bei uns vielfach eine beschämende Ignoranz der arabischen Ideen- und Kulturgeschichte vor. Dies ist umso tragischer, als die Fundamente der sogenannten abendländischen Kultur nicht unwesentlich auf den wissenschaftlichen und philosophischen Errungenschaften des Orients beruhen. Das Wesen Europas ist eng verflochten mit der Geistesgeschichte der arabischen Welt. Interkulturelle Austauschprozesse sind nicht die Ausnahme, sondern die Regel. Die arabische Welt zu verstehen heißt zugleich auch, Europa zu begreifen.«

Bauen wir Brücken.

Anhang

Zeitraffer – Chronologie

ca. 800 v. Chr.-ca. 500 n. Chr
Zeitalter der Antike, der griechisch-römischen Kultur; Höhepunkte der Gelehrsamkeit u.a. Platon (427-347 v. Chr.), Aristoteles (384-322 v. Chr.), Galen (ca. 129-199 n. Chr.), Ptolemäus (ca. 100-170 n. Chr.)

622 n. Chr.
Beginn der islamischen Zeitrechnung, der Prophet Muhammad wechselt von Mekka nach Medina

661-750
Umayyaden-Herrschaft, größte Ausdehnung des arabisch-islamischen Weltreichs

711
Beginn der maurischen Herrschaft auf der Iberischen Halbinsel

749-1258
Abbasiden-Dynastie stellt die Kalifen

ab 813
Hochzeit von Übersetzung und Wissenschaft im »Haus der Weisheit« in Bagdad unter Kalif al-Ma'mun

780-850 al-Khwarizmi, Mathematiker

865-925 al-Razi, Kinderarzt

929
Bruch zwischen Bagdad und Córdoba, der maurische Emir von Córdoba ernennt sich zum Kalifen

973-1048 al-Biruni, Universalgelehrter

980-1037 Ibn Sina, Arzt und Philosoph

1031
Zerfall des Kalifats von Córdoba in Kleinstaaten (Taifas), schrittweise Machtübernahme von christlichen Königen

1058-1111 al-Ghazali, Theologe und Philosph

1095-1270
Hauptzeit der Kreuzzüge, des politisch motivierten und religiös verbrämten Kampfes der christlichen gegen die muslimische Welt

1100-1166 al-Idrisi, Kartograph

1110-1185, Ibn Tufail, Arzt und Philosoph

ab 1126
Erste Übersetzerschule in Toledo unter Erzbischof Raimund.

1126-1198 Ibn Rushd, Naturwissenschaftler und Philosoph

1201-1274 al-Tusi, Astronom

ab 1252
Zweite Übersetzerschule in Toledo unter dem christlichen König Alfons X., dem Weisen

1258
Zerstörung Bagdads durch Mongolen, Zeichen eines Epochenwechsels

1332-1406 Ibn Khaldun, Sozialwissenschaftler

1492
Übernahme Granadas durch die »Katholischen Könige« Isabella und Ferdinand, Ende der letzten maurischen Herrschaft auf der Iberischen Halbinsel, Start von Christoph Kolumbus in die »neue Welt« im Auftrag der Könige

Schreibweisen

Arabische und persische Ortsbezeichnungen und Personennamen stellen für uns oft eine Lesehürde dar, in mehrfacher Hinsicht. Nehmen wir als Beispiel Abu Abdullah Muhammad ibn Musa al-Khwarizmi, den Mathematiker. Wir stolpern bereits über die Länge des Namens. Leichter tut sich, wer weiß, was alles drinsteckt, etwa Informationen zu Familie und Herkunft des Gelehrten aus dem 8./9. Jahrhundert. Er heißt mit Vornamen Muhammad, ist der Vater (Abu) von Abdullah und der Sohn (ibn) des Musa. Al-Khwarizmi bezieht sich auf seinen Geburtsort, das heutige Chiwa in Usbekistan.

Dieser Name ist es auch, unter dem wir in aller Regel diesem Wissenschaftler begegnen. Allerdings – und da kommt die zweite Hürde ins Spiel – existieren diverse Schreibweisen, al-Hwarizmi, al-Khwarizmi, al-Chwarizmi oder Algorizmi. Das hat hauptsächlich damit zu tun, wie ein Name klingt, wenn er auf Arabisch oder Persisch ausgesprochen wird und wie man dies mit lateinischen Buchstaben in die Zielsprache überträgt. Mit anderen Worten: Die Buchstabenfolge sieht anders aus, je nachdem, ob ich den Namen auf Deutsch, Englisch, Französisch oder etwa Spanisch lesen und aussprechen will.

Im Arabischen gibt es diakritische Zeichen wie Striche, Rundungen oder Häkchen auf den Buchstaben. Um die Verwirrung nicht weiter zu vergrößern, verzichtet man im Deutschen zumeist darauf. Für die Übertragung der arabischen Schrift gelten im wissenschaftlichen Bereich die

Regeln der »Deutschen Morgenländischen Gesellschaft« von 1969. Sie berücksichtigen beides, die buchstabengetreue und die lautgerechte Wiedergabe des Schriftbildes. Das führt in einigen Fällen zu verschiedenen, aber jeweils als korrekt anerkannten Varianten.

Nun bürgert sich an manchen Universitäten ein, den Katalogisierungsregeln für Bibliotheken zu folgen, um bei all dem, was bei der Umschrift allein im Deutschen erlaubt ist, zu einer einheitlichen Linie zu kommen. Auch in diesem Buch sind die Bibliotheksregeln für Personen- und Ortsnamen die Richtschnur.

Mehr zum Thema

Im Netz

http://de.qantara.de/
Qantara.de ist ein Projekt von Deutscher Welle, Goethe-Institut, Institut für Auslandsbeziehungen und Bundeszentrale für politische Bildung. Es will, wie der arabische Begriff qantara – Brücke – ausdrückt, den Dialog mit der islamischen Welt pflegen. Mit täglichen Nachrichten, Analysen und Veranstaltungstipps.

http://www.goethe.de/fikrun
Fikrun wa Fann (»Gedanke und Kunst«) ist die elektronische Zeitschrift des Goethe-Instituts für den kulturellen Austausch mit islamisch geprägten Kulturkreisen. Sie liefert Informationen, bietet ein literarisches Forum und ermöglicht gesellschaftspolitische Debatten – auch in gedruckter Form.

www.refaiya.uni-leipzig.de
Dieser Internet-Auftritt ist etwas Besonderes: Hier wird die arabisch-islamische Privatbibliothek der Familie Refaiya aus Damaskus digital präsentiert. Sie umfasst 488 Bände aus mehreren Jahrhunderten und zu unterschiedlichen Themen. Die älteste Handschrift der Sammlung wurde 990 in Bagdad auf orientalisches Papier in arabischer Schrift kopiert. Weitere Texte entstanden um 1080. Der preußische Konsul und Arabist Johann Gottfried Wetzstein kaufte 1853 die Sammlung. Nun wird sie von den Forscher/innen der Universität Leipzig für alle zugänglich im Netz erschlossen.

www.memoryofpaper.eu
Das Forschungsprojekt »The Memory of Paper« bietet Datenbanken zu Papier, Papierforschung und Papiergeschichte in sieben Sprachen. Eine davon ist Deutsch. Eine Fundgrube für Wissenschaftler/innen und alle sonstigen Neugierigen, die mehr über den Weg des Papiers nach Europa erfahren wollen.

http://www.kulturgeschichten.info
Ein Pilotprojekt des Museums für Islamische Kunst im Berliner Pergamonmuseum in deutsch und türkisch. Erzählt werden Kulturgeschichten über die islamisch geprägte Welt und ihre Beziehungen zu Europa. Zielgruppe sind Kinder ab der 5. Jahrgangsstufe. In den fünf Unterrichtseinheiten geht es u. a. um die Frage, »wie Wissen wandert«.

Gedruckt

Al-Khalili Jim. Im Haus der Weisheit. Die arabischen Wissenschaften als Fundament unserer Kultur. Bundeszentrale für politische Bildung. Band 1184. 2011.

Schlicht Alfred. Geschichte der arabischen Welt. Stuttgart. 2013.

Starr S. Frederick. Lost Enlightenment. Central Asia's golden age. Princeton. 2013.

Freely, John. Platon in Bagdad. Wie das Wissen der Antike zurück nach Europa kam. Stuttgart 2012.

Gouguenheim, Sylvain. Aristoteles auf dem Mont Saint-Michel. Die griechischen Wurzeln des christlichen Abendlandes. Darmstadt 2011.

Strohmaier, Gotthard. Zwischen Islamismus und Eurozentrismus. Mosaiksteine zu einem Bild arabisch-islamischen Erbes. Wiesbaden. 2012

Über die Autorin

Helga Ballauf M. A., Politikwissenschaftlerin, seit 1979 freiberufliche Journalistin in München, Beiträge zu Politik, Arbeitswelt und Bildung für Tageszeitungen, Wochen- und Fachzeitschriften sowie den Hörfunk.

Seit einem 10-monatigen Studienaufenthalt an der »Escuela de Estudios Àrabes« in Granada Recherchen und Veröffentlichungen zum maurischen Spanien und zum Weg des mittelalterlichen Weltwissens von Ost nach West (u.a. »Den Schleier lüften. Spanien und sein maurisches Erbe. Ein politisch-historisches Feature«. BOD-Verlag. 2008 und »Der Traum vom verlorenen Paradies – Frauenleben im maurischen Spanien«. Hörfunkfeature. Bay. Rundfunk).